氏族史

杨铭 著

商务印书馆
创于1897 The Commercial Press

图书在版编目(CIP)数据

氐族史 / 杨铭著. — 北京：商务印书馆，2014
（欧亚备要）（2023.1 重印）
ISBN 978－7－100－10462－3

Ⅰ.①氐… Ⅱ.①杨… Ⅲ.①氐－民族历史－研究－中国 Ⅳ.①K289

中国版本图书馆 CIP 数据核字（2013）第 280334 号

氐 族 史

杨铭 著

商 务 印 书 馆 出 版
（北京王府井大街36号 邮政编码 100710）
商 务 印 书 馆 发 行
北京虎彩文化传播有限公司印刷
ISBN 978－7－100－10462－3

2014年12月第1版 开本 710×1000 1/16
2023年1月第2次印刷 印张 13 1/4

定价：80.00元

欧亚备要

主办：中国社会科学院历史研究所内陆欧亚学研究中心

主编：余太山　李锦绣

编者的话

“欧亚备要”丛书所谓“欧亚”指内陆欧亚（Central Eurasia）。这是一个地理范畴，大致包括东北亚、北亚、中亚和东中欧。这一广袤地区的中央是一片大草原。在古代，由于游牧部族的活动，内陆欧亚各部（包括其周边）无论在政治、经济还是文化上都有了密切的联系。因此，内陆欧亚常常被研究者视作一个整体。

尽管司马迁的《史记》已有关于内陆欧亚的丰富记载，但我国对内陆欧亚历史文化的研究在很多方面长期落后于国际学界。我们认识到这一点并开始急起直追，严格说来是在 20 世纪 70 年代末。当时筚路蓝缕的情景，不少人记忆犹新。

由于内陆欧亚研究难度大，早期的研究者要克服的障碍往往多于其他学科。这也体现在成果的发表方面：即使付梓，印数既少，错讹又多，再版希望渺茫，不少论著终于绝版。

有鉴于此，商务印书馆发大愿心，选择若干较优秀、尤急需者，请作者修订重印。不言而喻，这些原来分属各传统领域的著作（专著、资料、译作等）在“欧亚”的名义下汇聚在一起，有利于读者和研究者视野的开拓，其意义显然超越了单纯的再版。

应该指出的是，由于出版时期、出版单位不同，尤其是研究对象的不同，导致诸书体例上的差异，这次重新出版仅就若干大的方面做了调整，其余保持原状，无意划一，借此或可略窥本学科之发展轨迹也。

愿本丛书日积月累，为推动内陆欧亚历史文化的研究起一点作用。

余太山

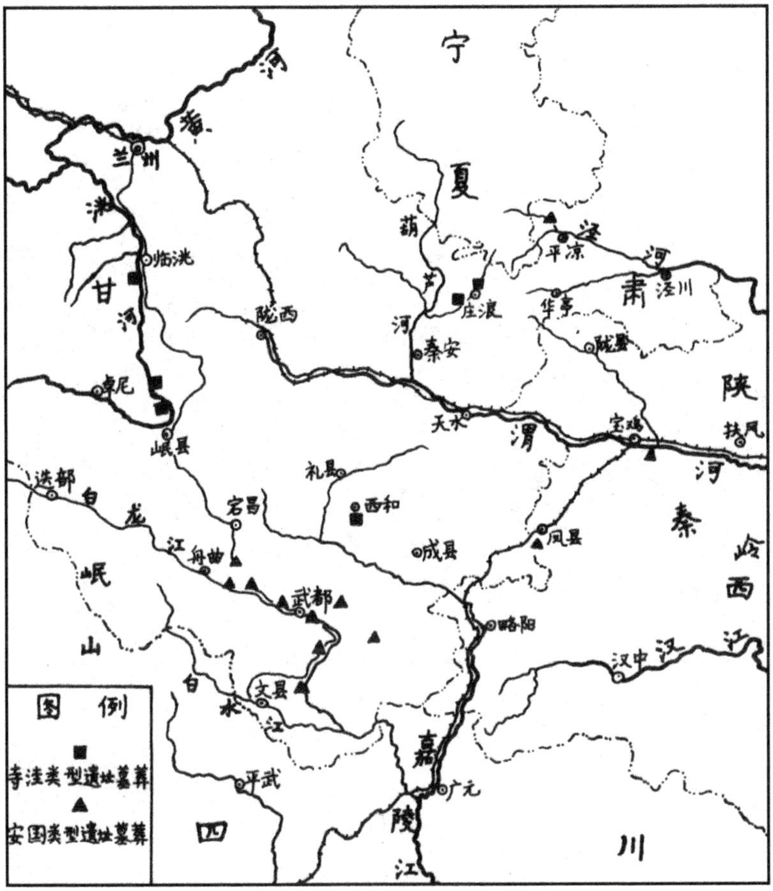
宁夏
甘肃
陕西
四川
黄河
洮河
葫芦河
泾河
渭河
白龙江
白水江
嘉陵江
汉江
秦岭
岷山
兰州
临洮
陇西
庄浪
秦安
平凉
泾川
华亭
陇县
卓尼
岷县
天水
宝鸡
扶风
迭部
礼县
宕昌
西和
舟曲
成县
凤县
武都
略阳
汉中
文县
广元
平武
图例
寺洼类型遗址墓葬
安国类型遗址墓葬

寺洼文化分布图

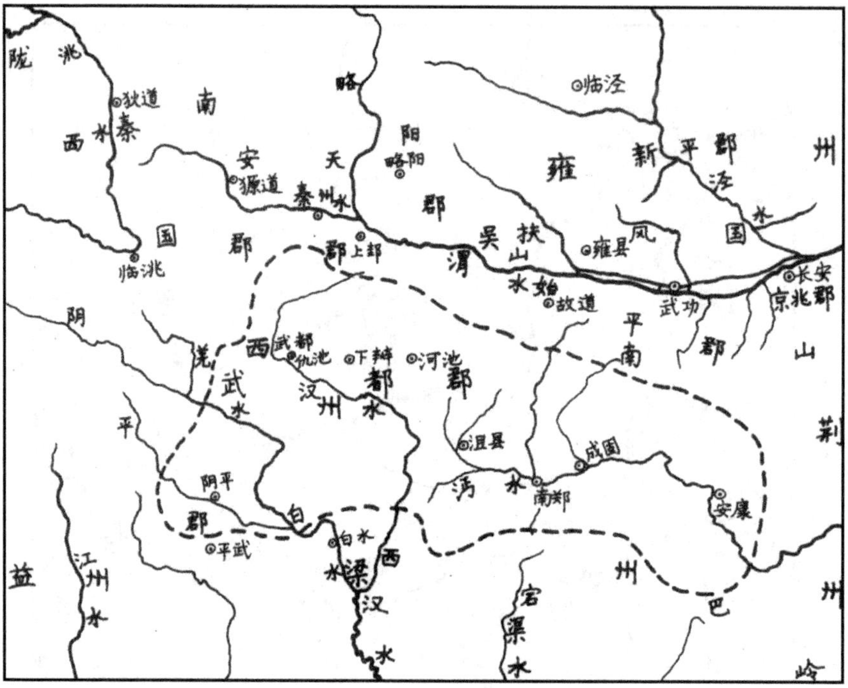
陇
洮
西
水
狄道
南
秦
安
天
略
阳
略阳
獂道
秦州
水
郡
临泾
雍
新
平
郡
州
泾
水
国
国
郡
郡
上邽
渭
吴
扶
山
风
雍县
临洮
水
始
故道
长安
京兆郡
武功
阴
羌
西
武都
仇池
下辨
河池
平
南
郡
山
武
水
汉
州
都
水
郡
平
沮县
荆
阴平
成固
沔
水
南郑
安康
白
郡
平武
白水
西
益
江
州
水
水
梁
汉
州
水
宕
渠
水
巴
州
岭

前仇池国疆域示意图

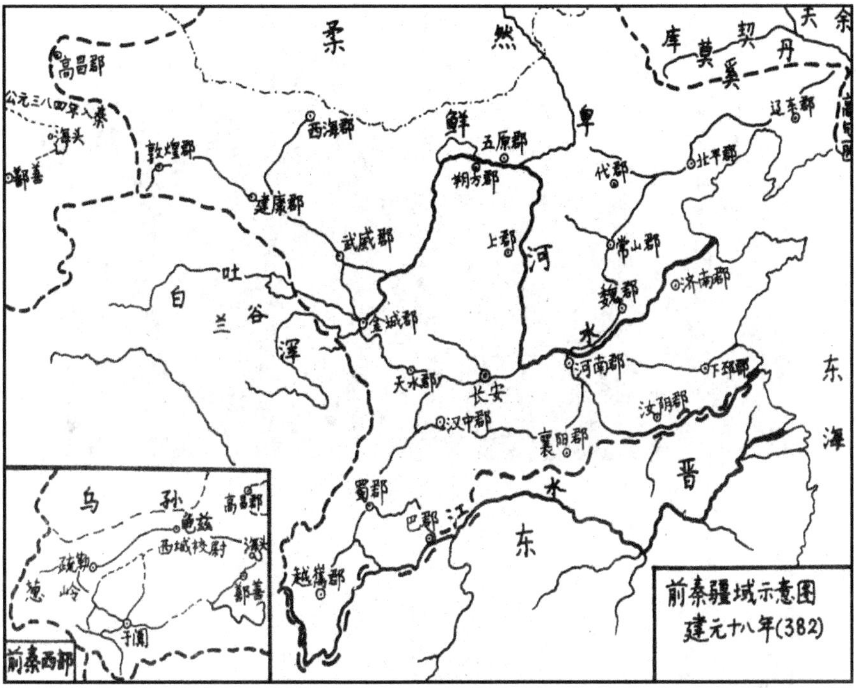

前秦疆域示意图

仇池山远眺

仇池山顶近景

徐家碾寺洼文化墓地出土马鞍形口双耳罐

晋归义氐王印

目录

第五章 仇池诸国

第六章 南北朝时期的氐族起义

第七章 氐族与其他民族的融合

第八章 氐族的姓氏、婚姻及其语言

附录

第一章　先秦时期的氏人

一、氏人的起源

氏人的起源很早，要说清这段历史，必须从它的族名“氏”谈起。

许慎《说文》说：“秦谓陵阪曰阺，从𨸏氏声。”应劭说：“天水有大坂，名曰陇坻。”[①]陇坻即陇山，胡三省注《资治通鉴》：“扶风汧县之西有大陇山，名陇坻，上者七日方越。”[②]段玉裁注《说文》上句谓：“大𨸏曰陵，坡曰阪。秦人方言皆曰砥也。”[③]此处秦人，是指战国时期秦国的人，即居于今陕西中部和甘肃东部的古代居民。他们称高大的土堆（大𨸏）和土坡（阪）皆作阺或坻，与中原之人谓“大𨸏曰陵，坡曰阪”不同。可见，阺字是借𨸏意氏声来指今陇山山脉以及附近地区内大大小小的山峰和土堆的。根据自然地理学的研究，陇山及与之相近而地理构造类似的地区，还有今甘肃的陇南、天水地区，以及陕、甘交界处的陇东地区。这一片地区，正是秦汉以来氏人的传统居住区域。《魏略·西戎传》说：“氏人有王，所从来久矣。自汉开益州，置武都郡，排其种人，分窜山谷间，或在福禄，或在汧、陇左右。”[④]汉代的武都郡，主要范围是今甘肃陇南地区，北面接天水，东邻汉中。汧即汧水，今陕西西部的千水；陇即陇山。因而，我们认为，所谓“氏人”，当是秦人对生活在阺（坻）地的某类居民的称呼，只不过省掉了表示土堆的𨸏（阝）旁，以用于称人，故称为氏人。这一点并不难理解，正像当时中原人称居住在秦国的人为“秦人”、生活在楚国的人为“楚人”一样，将国名或地域名冠于人

① 《文选》卷四五，扬雄《解嘲》注引。

② 《资治通鉴》卷四，周赧王三十五年注。

③ 《说文解字注》，上海古籍出版社 1981 年版，第 734 页。

④ 《三国志·魏书·乌丸鲜卑东夷传》裴松之注引。

之前，以区别他们的地域性，是历史上所累见的。

秦始皇统一中国以后，氐人的称呼自然为中原人接受。于是，史籍上出现了有关氐人的记载。秦汉以后，那些仍然聚居阺地的人，以及从这一地区迁入关中、河西等地，后来建立了前秦、后凉的人，均被视为氐人。这就是氐人名号的大致来源。当然，我们不满足于简单地解释氐人即“阺地之人”，因为这还只限于地域的划分。由于民族的迁徙和交往，阺地还可能有其他的民族。而本书所讨论的氐人或氐族，是指生活在阺地，以定居农业为主，兼畜养牲口的民族共同体。

氐人的起源，需到陇山东西及陇南地区的考古学文化中去探寻。这一地区，自新石器时代以来，先后分布有甘肃仰韶文化、马家窑文化、齐家文化、寺洼文化。其中，已步入青铜器时代的寺洼文化，正好分布在上述“阺区”。这个文化类型的相对年代，大概在商代中晚期，下限已到西周初期。

1945年，夏鼐在甘肃临洮县城南约20公里处的寺洼山（位于洮河西岸），发掘了6座墓葬，出土陶器30余件。其中，以一种口部呈马鞍形的双耳罐最有特色。夏鼐根据葬俗中有火葬制的特点，提出了将出土遗物与氐、羌民族文化相结合以研究少数民族早期历史的方法。他认为，洮河流域在古代是氐、羌的活动区域，并且从文献方面知道，春秋至唐代，氐、羌中有些部落确曾实行过火葬制。这次火葬制遗迹的发现，增强了寺洼文化和氐、羌民族的关系。①

夏鼐的这一提法，具有科学的预见性。寺洼文化遗物的不断发现，更加证明了它们属于氐、羌先民的文化遗存的可能性。新中国成立后，在洮河流域一带进行了调查，发现寺洼文化的遗址和墓地共10处。1958年，在甘肃平凉安国镇发现一座墓葬，出土陶器20余件，其中也有马鞍形口双耳罐，由于另外一部分陶器和寺洼山的不同，因此把这类陶器称之为“安国式陶器”。据此，可以把寺洼文化分为寺洼类型和安国类型。以后，在泾河上游、甘肃庄浪、陇南白龙江流域和陕西宝鸡一带，多次发现并发掘数百处寺洼文化的墓葬和遗址。根据这些材料，寺洼文化的分布主要在陇山以东、以南及洮河流域。其年代已公布的有：公元前1375±155年（树轮校正），下限则到

① 夏鼐：《临洮寺洼山发掘记》，载《考古学论文集》，科学出版社1961年版，第27页。

西周早期。[①]

但是，仅有居住地域相同，时间上先后承接这些特点，还不足以说明寺洼文化的居民就是氐人先民。从考古学遗存所反映的经济文化形态来看，寺洼文化居民的聚落已具有相当规模，农业也有一定程度的发展，但畜牧业仍然是生活中的重要来源。[②]而史籍反映的汉魏之间的氐人，“俗能织布，善田种，畜养豕牛马驴骡”[③]，显然又是定居的农业民族。一般来说，不同经济文化类型的民族社会，往往不属于同一个民族。因而，从经济形态的差别来讲，寺洼文化的居民与后世的氐人还有本质上的区别。但从地域相同、时间先后承接、丧葬制度略同等因素来看，又不能否认两者可能有源流关系。那么，寺洼文化居民演化为氐人的历史原因和背景是什么呢？

20世纪50年代，蒙文通著有《周秦少数民族研究》一书。他根据《竹书纪年》和《诗经》等文献的记载，提出：从周厉王起，经共和、宣王、幽王至平王时期（公元前9世纪初至前8世纪中叶），西周历史上曾经发生过持续不断的旱灾。如《古本竹书纪年》厉王条说：“共和十四年，大旱，火焚其屋，伯和篡位立，秋又大旱，其年，周厉王死，宣王立。”[④]《诗·云汉》记宣王时，“旱既太甚，涤涤山川，旱魃为虐，如惔如焚”；《诗·谷风》记幽王时，“习习谷风，维山崔嵬，无草不死，无木不萎”。此外，《诗经》中的《雨无正》、《鸿雁》、《召旻》、《楚茨》等，也分别反映了厉、宣、幽数世间旱灾的严重情况。这场持续百余年的大旱灾，直接地引起了一场民族的大迁徙。由于当时长江流域受旱灾影响较小，所以迁徙自然是趋向南方。《左传》等文献中记载的宣、幽之世的开拓江汉，正是发生在这种背景之下的。[⑤]

竺可桢在《中国近五千年来气候变迁的初步研究》一文中指出：公元前10世纪至前9世纪，我国的气候有过一次大的变化。他认为，西周初年的气候是比较暖和的，但不久就恶化了。《竹书纪年》上记载周孝王时，长江的支流汉水，分别在公元前903、897年两次结冰。结冰之后，紧接着就是大旱。

---

① 谢端琚、张长寿：《寺洼文化》，载《新中国的考古发现和研究》，文物出版社1984年版，第355—356页。

② 谢端琚：《寺洼文化》，载《中国大百科全书·考古卷》，第485—486页。

③ 《三国志·魏书·乌丸鲜卑东夷传》裴松之注引《魏略·西戎传》。

④ 范祥雍：《古本竹书纪年辑校订补》，上海人民出版社1957年版，第31页。

⑤ 蒙文通：《周秦少数民族研究》，龙门联合书局1958年版，第1—7页。

这就表示，从公元前10世纪末起，确实有一个寒冷期。《诗·豳风》是写周成王时（约前1063～前1027）的作品，可能在成王以后不久写成。将其中提到的物候，与《诗经》其他国风的物候相比较，也可以证明周初有过一个寒冷时期。这个寒冷期，大约延续了一至两个世纪，到春秋时期，气候又温暖起来。[①]

从历史学、物候学及古气象学的角度，均证明了西周中后期，中国历史上确曾经历了长期的寒冷和干旱的过程。这一持久的气候变化，引起了民族的迁徙和变化，这已由蒙文通在他的著作中作了论证。那么，具体到陇山东西和陇南，这场气候变化对寺洼文化的居民有何影响呢？这正是寺洼居民演变为氐人的关键所在。这一方面，尽管在文献和考古材料上还没有找到证据，但从我们调查得到的口碑材料中，却能找到重要的线索。

今甘肃陇南的西和县，是历史上氐人分布的中心之一，县境内的仇池山，在魏晋南北朝时期，曾经是氐族仇池政权的重要据点。就在西和县的群众中，至今盛传所谓“立眼人”的故事。他们对立眼人的描述是：立眼人的眼睛和常人的不一样，除了横列的两个眼睛外，在额际上还有一纵立的眼睛，共有三只眼。天下雨时，立眼人因无眉骨睫毛遮护，雨水就会浸激眼球。因此，他们就生病绝种了。立眼人即“离年人”。西和口音，眼与年同音。“离年”，就是天年已尽的意思。他们还说，在仇池山附近出土的寺洼文化器物，就是立眼人用过的东西。特别是其中呈马鞍形的双耳侈口罐，双耳垂直，象立眼状，就是立眼人的形象。[②]

分析这个口碑材料，所谓立眼人似即寺洼文化的居民；立眼人因为受自然灾害的侵袭而绝种，间接反映了西周中后期气候变化对寺洼居民的影响。而立眼人的传说，又与氐人有密切的联系。今陇南、川西北盛传二郎神杨戬的故事，杨戬的形象就是三只眼。经李思纯考证，二郎杨戬就是氐族的狩猎神。[③]今天生活在陇南、川西北一带的“白马藏人”，他们自称是氐人的后裔，他们在岁首祭祀时所戴的“曹盖”，形象就是三眼大王。[④]因此，通过立眼人的

---

① 《竺可桢文集》，科学出版社1979年版，第479页。

② 杜万鼎：《仇池探微话杨氏》，载《西和史志》第38期，1986年。

③ 李思纯：《灌口氐神考》，载《江村十论》，上海人民出版社1957年版，第63—78页。

④ 曾维益：《试探白马人的源和流》，载《绵阳市文史资料选刊》第7辑。

故事，可以发现寺洼文化的居民演变为氐人的基本线索。

陇山以西和以南地区主要是丘陵、低山和中山地貌，这种自然地理条件有利于寺洼居民发展畜牧经济。但是从公元前10世纪开始的寒冷和干旱，持续了两百余年，使这一地区的山地植被遭到破坏。这就会使原先以畜牧为主的生产，受到严重的影响，而被迫转向粮食作物的生产。史书说汉魏之间的氐人，能织布，善于种田，养牲畜种类颇多，这些特点需经过数百年的历史才能形成。而追溯起来，当是由于其先民——寺洼居民因需要抵御寒冷和躲避干旱而逐步形成的。我们知道，织布进而做成衣服能够御寒，粮食作物相对畜群来说更能耐旱一些，猪、牛、马、驴、骡这些牲畜基本上都可以圈养，而且它们比个头小的牲畜如羊等，更能耐旱、耐寒。总之，结合上述内容来看，西周中后期的气候变化，正是寺洼文化居民演变为氐人的历史原因。

在世界历史上，由于气候的变化而引起民族迁徙、社会变迁，也是不乏其例的。新石器时代，亚热带地区逐渐出现了农业和畜牧业。英国史前考古学家柴尔德，在谈到这种农业和畜牧业起源的自然背景时说：当时欧洲大陆上的冰川收缩，大西洋的气旋地带向北移动，结果出现了逐步干旱的过程。面对这种变化，受影响的狩猎居民只有三条出路：一是追随他们所习惯的气候环境，追随猎物向北或向南迁移；二是留居原地，靠不怕干旱的生物勉强过活；三是仍然留在原地，通过驯化动物和从事农业，把自己从恶劣的环境中解脱出来。[①]照后一出路所作的努力的结果，使亚热带地区出现了原始的农业和畜牧业，狩猎居民变成了农民或牧民。

寺洼文化居民演化为氐人的基本原因，与新石器时代近东的民族变迁是相同的。由于持久的寒冷和干旱，使原有的以畜牧为主的生产不能继续下去。他们不得不转向以农耕为主的生产，同时也圈养牲畜。这种以农耕为主要特征，又生活在阺地的寺洼文化居民的后裔，就是氐族的初民。以后，经过很长的一段气候变迁，大概与寒冷和干旱期相始终，到春秋战国时期，作为一个民族，氐族初步形成。成书于战国时期的文献，称他们为“氐人”。

有人会问，如果说氐族是在春秋战国时形成的，那对甲骨文和《诗·殷武》中的“氐”当如何解释？要说明这个问题，还需对甲骨文和《诗经》中

---

① 柴尔德：《最古的古代东方》第3章。见阿诺尔德·汤因比著《历史研究》，曹未风等译，上海人民出版社1959年版，第86—88页。

的氐，作一番探讨。

甲骨文中所见的氐字，有人认为当作动词用，兼有挈带、征伐、调用诸意[①]；也有人认为，这就是氐羌之氐，作族名[②]。台湾学者李孝定综合各家之说，提出甲骨文中的氐有五种含义，其中之一就是作商代方国的名称。为说明氐作方国名的事实，李孝定还列举出四条卜辞，以作证明。他还进一步提出，金文中的“氐父丁爵”，就是氐方所作的铜器。在先秦地名中，蔡有“泜水”，周襄王二十五年（前627），“晋阳处父侵蔡，楚子上救之，与晋师夹泜而军”[③]。这里的泜，即泜水，今河南西部的沙河，它源出鲁山县西，东流经叶县北入汝河。此外，《左传》昭公二十六年（前515）条有“隄上”，杜预注：“周地。（隄）音低，或音啼。”这里距离殷墟不远，当亦在今河南境内。泜水和隄上，与甲骨文、金文中的氐方音近，有可能就是商代的氐方所在之地。[④]可见，甲骨文中的氐方，其地望在今河南西部，它与春秋以后活动在今甘肃东南部的氐族没有关系。

《诗·殷武》一诗中，云：“昔有成汤，自彼氐羌，莫敢不来享，莫敢不来王，曰商是常。”对其中“氐羌”一句的解释，涉及到《诗经》中的“商颂”是否为商代诗歌的问题。其实，“商颂”就是商代的颂歌，是武丁子孙祭祀高宗时的作品。《国语·鲁语》载闵马父的话说，“昔正考父校商之名颂十二篇于周太师，以《那》为首”。这里明白说出，正考父于周太师处校“商之名颂”十二篇。正考父是宋戴公时的人，正值周宣王、幽王及平王时期，这说明《诗经》中的商颂等篇，在西周初期以前就已经有了，所以说它们当是商代的颂歌。而《殷武》一诗，正是十二篇商颂中遗存的五篇之一。[⑤]《殷武》既是商代的作品，其中提到的“氐羌”当是指商代的方国或民族。甲骨文中有“羌”或“羌方”，地望约在今山西南部及河南西部。[⑥]羌人与商朝关系甚为密切，双方时有联系或战争。可以说《殷武》中的羌，就是甲骨文中的羌或羌方。至于《殷武》一诗中的氐，可能就是上述甲骨文中的氐方。由于商代的羌方、

① 于省吾：《双剑誃殷契骈枝及续编三编》（1941年），“释氐”。
② 商承祚：《福氏所藏甲骨文字附考释》，金陵大学中国文化研究所1933年版。
③ 《左传》僖公三十三年。
④ 李孝定：《甲骨文集释》卷十二“氐”，历史语言研究所专刊之五十（1965年），第3747—3749页。
⑤ 常教：《商颂作于殷商述考》，载《文献》1988年第1期。
⑥ 陈梦家：《殷虚卜辞综述》，考古学专刊甲种第二号，中华书局1988年版，第281—282页。

氐方所处的地域相近，商朝屡次对它们进行讨伐。所以，殷人在追颂武丁功绩时，自然免不了要说“自彼氐羌”云云。所以说，《诗·殷武》中的氐与后世居住在陕、甘、川数省交界处的氐族，是没有联系的。

二、西戎与氐人

由于气候变化的原因，一个以定居农业为主要特征的新的民族，要从旧的、以畜牧经济为主的先民中演化而成，不是一蹴而就的事情，它需经数百年的过程。因此，尽管从春秋初期开始，气候就已暖和起来，但作为一个具有鲜明特征，能被中原人认识并承认的民族，氐人当时还处在孕育过程中。

但是，一个民族只要存在，哪怕是最初形成时期，它也会在有关文献上透露出一些消息。因此，在春秋时期的数百年内，当会有氐人的音信。《魏略·西戎传》说，氐人“乃昔所谓西戎在于街、冀、獂道者也”；南齐臧荣绪《晋书》也说，“氐，西戎别名”。这些记载，反映出氐族曾是西戎的一支。西戎是古代中原人对西北各族的总称。春秋时，有“八戎”、“西戎八国”等说，大约是指活动在今陇山东西和陕北一带的绵诸、绲戎、翟、獂等。《魏略》等说氐人是曾处于街、冀、獂道的西戎之后，是有一定根据的。因为，这里正是氐人传统的居住区域。街、冀、獂早先并非地名，而是部落或民族的名称。以后，他们被秦国征服，其地被建为郡县，仍以部落名名之。《汉书·百官公卿表》说，县“有蛮夷曰道”，故称街、冀、獂道。以下，略论其与氐人的关系。

（一）街戎。《汉书·地理志》有街泉，属天水郡，地在今甘肃庄浪东南。史籍中不见街戎之名，而仅见邽戎。秦武公十年（前 688），“伐邽、冀戎，初县之”[1]。邽即《汉书·地理志》之上邽，属陇西郡，应劭说：“《史记》故邽戎邑也。”颜师古说：“邽音圭。”而街的读音亦同圭。[2]所以，街、邽虽写

---

① 《史记·秦本纪》。

② 圭、街的上古音，均属支部、见纽、平声。见唐作藩《上古音手册》，江苏人民出版社 1982 年版，第 44、60 页。

法不同，却是同一西戎部落的名称，故邽戎即街戎，或邽戎曾活动于街泉地方。《魏书·氐传》说："自汧、渭抵于巴、蜀，种类实繁，或谓之白氐，或谓之故氐。"故、邽同声[①]，故氐有可能就是邽戎之后。《汉书·地理志》有故道，是故氐道的简称，其地在今陕西宝鸡以南。总之，邽戎或街戎的活动中心，是汉代陇西郡的上邽县，地在今甘肃天水。汉代上邽西南有氐道，仍为氐人聚居地之一。

（二）冀戎。秦武公十年灭冀戎，以其地置县。《汉书·地理志》有冀县，属天水郡，地在今天水东北。《后汉书·郡国志》汉阳郡冀城下，有"缇群山"。缇、氐读音相近[②]，缇群山可读作氐群山，因氐人居此而得名。

（三）傆戎。傆，在古文献上又被蔑称作貆、獂或豲。傆戎亦活动于春秋时，秦穆公（前659～前621年在位）得由余，"西戎八国服于秦，故自陇以西有绵诸、绲戎、翟、貆之戎"，它们"各分散居溪谷，自有君长，往往而聚者百有余戎，然莫能相一"[③]。可见，傆为西戎八国之一，自秦穆公时被征服。至秦孝公元年（前361），秦又出兵"西斩戎之獂王"[④]。傆戎与秦周旋数百年之后，至此方灭。《汉书·地理志》有"貆道"，属天水郡。应劭注："貆，戎邑也，音完。"《水经·渭水》条载："又东过獂道县南。"注："渭水又东南迳獂道县故城西，昔秦孝公西斩戎之獂王。"据此可知，"貆道"在今甘肃天水西北。

西汉时设"貆道"，说明此前尚有傆戎部落活动在这一带。至王莽末，隗嚣等起兵于天水，与益州联合对抗刘秀。隗嚣为天水成纪人，成纪在今天水北，距"貆道"不远。有人认为隗即媿，俱当省作鬼，而出于古之畏。[⑤]"貆戎"之"貆"读作桓，而"隗"读作怀，怀、桓同音，则"隗"当源于"貆"。[⑥]魏晋时期，隗尚为氐族大姓之一。西晋元康八年（298），略阳、天水等六郡民，因郡土连年军荒，就谷入汉川及蜀。流民首领中，有"氐符成、

① 邽、故的声母均为见纽。见唐作藩《上古音手册》，第42页。

② 缇的声母为定母，氐为端母，均属舌头音，区别仅在于清、浊。又，缇、氐的韵母分别在支部和脂部，亦可相通。见唐作藩《上古音手册》，第128、171页。

③ 《史记·匈奴列传》。

④ 《史记·秦本纪》。

⑤ 王国维：《鬼方昆夷玁狁考》，载《王国维遗书》第二册，上海古籍书店1983年版。

⑥ 王宗维：《西戎八国考述》，载《西北历史研究》（1986年号），陕西三秦出版社1987年版。

隗伯、董胜等”[①]。由此豲、隗的联系，可知豲戎为氐族先民之一部分。

除此以外，尚可从《诗经》中找出一些联系。《秦风·小戎》有“在其板屋，乱我心曲”一句。毛传：“西戎板屋。”唐孔颖达解释说：“《地理志》云：天水、陇西，山多林木，民以板为屋，故秦诗云‘在其板屋’。然则秦之西垂民亦板屋，言西戎板屋者，此言‘乱我心曲’，则是君子伐戎，其妻在家思之，故知板屋谓‘西戎板屋’，念想君子伐得而居之也。”[②]《秦风·小戎》是春秋时期的作品，所述之事在《诗经》集成以前，即周景王元年（前544）以前。在此期间，秦人多次伐戎。其中，伐西垂之戎，有记载的为两次，一次秦武公十年（前688）伐邽、冀戎，一次为穆公三十七年（前623）伐西戎。前一次，明言伐邽、冀戎；后一次，只泛称“西戎”，当包括傆戎在内。《水经注·渭水》说，“上邽，故邽戎国也”，“其乡居悉以板盖屋，《诗》所谓‘西戎板屋’也”。可见，邽、冀、傆戎即是居住板屋的戎人。而史书说氐族的居室，“无贵贱皆为板屋土墙”[③]，也是住板屋的。从居住方式相同来看，说邽、冀、傆为氐族先民，也是可以成立的。[④]

综上所述，春秋战国时期的西戎中，确实包含着氐族或称氐族前身的部落集团，主要有邽、冀、傆戎等。当然，未见于史籍记载的还有，邽、冀、傆只是氐族先民中较为活跃、分布地域靠北的一些部落集团。史书说氐人苻洪：“略阳临渭氐人也。其先盖有扈之苗裔，世为西戎酋长。”[⑤]有扈氏之谈或过于遥远，“世为西戎酋长”却是可信的。

三、《山海经》的氐人国

真正作为族名，“氐”的出现已经到战国时期。

《荀子·大略篇》说，“氐羌之虏也，不忧其系垒也，而忧其不焚也”。有人认为，荀子此说是沿《墨子·节葬》而来的，原文是：“秦之西，有仪渠

① 《华阳国志·大同志》。
② 《毛诗注疏》，商务印书馆1936年版，第578页。
③ 《南齐书·氐传》。
④ 黄烈：《有关氐族来源和形成的一些问题》，载《历史研究》1965年第2期。
⑤ 《晋书·苻洪载记》。

之国者。其亲戚死，聚柴薪而焚之。熏上，谓之登遐，然后成为孝子。”这两处都提及了火葬，但从其余内容不同来看，《荀子》未必是抄《墨子》的。因此，无论义渠是否为氐、羌之属，以上所引说明了氐与羌一样，在战国时作为族名被记录下来。战国末年成书的《吕氏春秋》，其中的《恃君篇》说：“氐羌、呼唐、离水之西，僰人、野人、篇笮之川，舟人、送龙、突人之乡，多无君。”高诱注：“西方之戎无君者，先言氐羌，后言突人，自近及远也。”呼唐、离水已不能确指，但氐、羌作为民族称呼，地处秦以西是明确的。

战国时期的典籍中，多次提到氐或氐羌的，还要数《山海经》。《海内南经》说：“氐人国在建木西，其为人，人面而鱼身，无足。”又，《大荒西经》：“有互人之国。炎帝之孙名曰灵恝，灵恝生互人，是能上下于天。”郝懿行《笺疏》说：“互人国，即《海内南经》氐人国。‘氐’、‘互’二字，盖以形近而讹，以俗‘氐’正作‘互’字也。”是知互人国即氐人国。此外，《海内经》说：“伯夷父生西岳，西岳生先龙，先龙是始生氐羌，氐羌乞姓。”“乞”似为“允”之伪，春秋时今陕西凤翔一带即有允姓戎活动[①]。据此，已见有“氐人国”或“氐羌”，并且还附上了氐人为炎帝、伯夷（俱为姜姓）之后的传说，最后还有了姓。有传说的先祖、有国、有姓，作为族名，“氐”最迟在战国末年已经为中原人知晓，是没有问题的。

但是，以上出现的“氐”或“氐人国”，是否就是秦汉以后的氐族呢？这个问题可以从氐人国的地理位置上得到说明。《海内南经》说“氐人国在建木西”。“建木”在何地，众说纷纭。有人认为，此乃中国上古宇宙观中，想象的撑天的柱子，实属子虚乌有，无需烦琐考证。[②]而《淮南子·地形篇》说，“后稷垄在建木西”，是知后稷垄与氐人国俱在建木西。《海内西经》又说：“后稷之葬，山水环之，在氐国西。”后稷为周人始祖，传说为有邰氏之女姜嫄踏巨人迹而生，他所居的地方，大致当在陕西岐山一带。[③]据此，后稷垄当在陕甘交界处，而这个地方也即是“氐人国”之地，它与历史上氐族的传统居住区域是一致的。因此，我们说战国典籍中所记载的“氐”或“氐人国”，就是后来的氐族的先民。

① 《左传》昭公九年。参见顾颉刚《史林杂识初编》“氐”条，中华书局1963年版，第64页。

② 何新：《诸神的起源》，三联书店1986年版，第118页。

③ 徐旭生：《中国古史上的传说时代》（增订本），文物出版社1985年版，第42页。

最后，有必要讨论《逸周书·王会》所载的“氐羌”一句。它说：成周之会，天子南面立，唐叔、荀叔、周公在左，太公望在右，“氐羌以鸾鸟”献。孔晁注：“氐羌地羌不同，故谓之‘氐羌’，今谓之‘氐’矣。”照孔氏的说法，羌是大名，氐是羌中的一种，因为羌的种类很多，所以称氐为“氐羌”。而顾颉刚认为，既是氐小而羌大，那么《王会》里除氐羌外当还有某羌、某羌，何以篇中不再见相类的名号？因此，这还是平列的两名。[①]《逸周书》中的《王会》等是战国时期撰写的，所列的古代氏族部落名或据当时所闻，以美誉成王而已。因此，不能视此为周初有“氐”名的证据。相反，却能作为战国时期已有“氐”名的佐证。

前面说过，所谓“氐人”，当是秦人对生活在“阺”地的某类居民的称呼。由以上所引亦可看出，战国时期记载氐族较多、较详的典籍，多出于秦人之手，或与秦有关。如荀子曾入秦见秦昭王和相国范雎，而吕不韦曾任秦庄襄王、秦始皇的相国。因此，可看出氐人为中原人所知，主要的传播途径是秦人。总之，至迟到战国末期，“氐”作为族名或国名已正式出现，这反映出，作为一个民族共同体，从西周末年以降的数百年中，氐族已孕育成熟，其地望、国名、传说、姓氏、葬俗等特征，已为中原人知晓并承认。

四、氐与羌的关系

对氐与羌的关系，历来有两种意见：一说氐、羌同源而异流；一说氐、羌虽关系密切，却是两个不同的民族。持前一种观点的人认为，商周之际，氐族尚未从羌族中分化出来，甲骨文中的“氐”不是族称，而是作动词用。春秋战国时，虽有以氐作族称的记载，但多是以氐、羌并提，因此即使认为氐族开始形成，但仍未与羌族最后分离。氐族最终形成单一民族在汉代，是由于一些羌人部落从高原迁到河谷，由游牧转向农耕，并接受汉族经济文化的影响，其语言、经济、文化有所变化而致。[②]笔者是持氐、羌不同源的观点，我认为要说明氐与羌的关系，有必要略述羌族的形成和演变。

---

① 顾颉刚：《从古籍中探索我国的西部民族——羌族》，载《社会科学战线》1980年第1期。

② 李绍明：《氐》，载《中国大百科全书·民族卷》，第91—92页。

“羌”作为族名或方国名，出现是很早的。甲骨文中有羌字，作。在殷代，有羌与羌方之分，两者的含义有广狭的不同。殷人泛称西方的民族为“羌”，与称东方各族为“夷”相对；而“羌方”则专指居于羌地的一个方国。[①]因此，很难视殷代的羌为一个单一的民族共同体。首先从地理上看，甲骨文记载的羌或羌方的范围是今陕、晋、豫交界一带[②]，这个范围以西的周伯及姜氏都属于广义的羌人。而广义羌的分布，再往西是说不清楚的。因此，甲骨文所载的“羌”，没有统一的地域范围，而这是识别民族共同体的首要条件。其次，从经济文化形态上看，被商朝俘获的羌人中，有牧民、猎人、农夫，因此，商朝奴隶主将他们分别用在牧畜、狩猎、农耕上。这些处于各自不同的经济形态中的人，虽然都居处于西方，但他们不是来自同一族的人，是很明显的。总之，除了能具体指明地望的羌方以外，殷代的羌不能算作一个民族，而只是居于西方各族的泛称。

商周之际，武王伐纣，《尚书·牧誓》所载的八国之中，即有“羌”。其地望，据顾颉刚考证在渭水或黄河流域。[③]此当是指一个羌的方国，而不是泛称的羌，否则无法与庸、蜀、微、卢等并列。奇怪的是，自商周之际“羌”参加伐纣之后，直至秦汉，在整个西周、春秋时期，不见有文献记载羌的踪迹。顾颉刚著文于此，不得不列“西周时对犬戎的几次征伐”，“东周时秦的伐灭西戎”，以作转承。但熟知《后汉书·西羌传》的人，一望即知此为范晔的体系：把戎放入西羌之中。但无论“犬戎”还是“西戎”都不等于羌。即使按《说文解字》羌为“西戎牧羊人也”的解释，亦只能说羌为西戎的一部分，况且这已是秦汉之际的说法。总之，在西周和春秋的近五百年中，文献很少记载羌人的活动。《左传》襄公十四年（前559）记载的姜氏戎，似与羌人无关。此戎最先居于关中、秦岭一带，史称瓜州[④]。有学者说羌和姜本是一字：羌从人，作为族之名；姜从女，作羌人女子之姓。[⑤]此说若指甲骨文、《诗经》、《尚书》中的羌与姜，尚可成立；但若指春

---

① 李学勤：《殷代地理简论》，科学出版社1959年版，第80页。

② 陈梦家：《殷虚卜辞综述》，第281—282页。

③ 顾颉刚：《史林杂识初编》“牧誓八国”条，第32页。

④ 顾颉刚：《史林杂识初编》“瓜州”条，第50页。

⑤ 傅斯年：《姜原》，载《历史语言研究所集刊》第二本第一分。

秋时的姜氏戎与秦汉以后湟中的羌人，则有不妥。因为后两者的分布地域不同，文化分野上也有高低。

战国时期，羌名又重见于史籍，如《荀子·大略篇》的“氐羌之虏”，《吕氏春秋·恃君篇》的“氐羌、呼唐、离水之西”，《山海经·海内经》的“先龙是始生氐羌”，等等。这些与氐名一起出现的羌，自然不会指甲骨文或《诗经》、《尚书》中的羌了，而是指河、湟之间的西羌。这些羌人的得名及为中原人知晓，当与氐人的情况一样，是通过秦人传播的。早在春秋后期，秦穆公“益国十二，开地千里”，把秦的疆域扩拓到泾河、洛河、渭水流域，以及丰岐以西。秦始皇统一中国后，其疆域西至临洮，包括后世的洮、岷二州地，以西为“羌中”，即为羌族所居。①

羌为它称，并非自称，按《说文解字》的解释，是因其以放羊为特征，而被秦人呼为“羌人”。河湟间的羌人被称作“南羌”、“西羌”，都是以方位而称的，没有特殊的含义。②至于其来源，秦汉之间的人是搞不清楚的，所以《后汉书·西羌传》只好半信半疑地说：“西羌之本，出自三苗，姜姓之别也。”“出自三苗”之说史无可稽；“姜姓之别”也是范晔按字面所作的推测，其实战国、秦汉时是无此说的。

综上所述，我们认为羌有“古羌”和“西羌”之分。甲骨文、《诗经》和《尚书》所载的羌或羌方，属于古羌的范围。前面说过，商周之际以前的羌是一种泛称，不是一个统一的民族共同体。古羌与西羌之间隔着西周、春秋数百年的空白，且两者分布的地域不同，经济文化形态也不同。古羌不是一个民族，其经济形态有畜牧、农耕、狩猎的不同，而西羌以射猎、畜牧为事，两者的区别是十分明显的。因此，商代的古羌与秦汉以后的西羌，应是判然有别的。③

至此，氐与羌的关系已十分清楚。在古羌阶段，氐人（非甲骨文中的氐方）尚未出现，即使就寺洼文化的分布来看，也不与古羌重合，因此，氐与古羌没有关系。氐人与后世的西羌，一在陇山东西及以南，一在临洮以西的河湟之间，可谓近邻，但分布中心不一致是明显的。氐、羌虽然都可能是缘

① 《史记·秦本纪》；《史记·秦始皇本纪》。

② 《汉书·匈奴传》；《汉书·西域传赞》。

③ 此说是我的导师王宗维先生提出来的，我只不过具体地加以论证而已。

起于秦人对他们的称呼，但两词的含意是不同的；且氐人的自称与羌人的自称也是不同的。又，汉魏之间氐与羌的语言不同，服饰发式、住宅、经济生活、婚丧嫁娶均有不同，故氐、羌应为两族是可以肯定的。①

为了说明氐与羌的联系与区别，我们还可以从氐、羌的考古学文化进行探讨。前面讲过，氐人的先民很可能就是寺洼文化的居民。这种文化主要分布在兰州以东的甘肃省境内，在陕西省千水、泾水流域也有发现。其经济形态主要是畜牧业，农业也有一定程度的发展。至于羌族（主要指西羌）的考古学文化，学术界尚无定论。但是根据西羌的原始分布地来看，处于青铜器时代的卡约文化和辛店文化似可视为羌族的先驱文化。卡约文化因首次发现在青海省湟中县卡约村而得名。它主要分布在甘肃、青海境内的黄河上游沿岸及其支流湟水流域。其年代晚于齐家文化，约当公元前900～前600年间。卡约文化的居民从事农业，也兼营畜牧业。家畜有牛、羊、马、狗等，以牛、羊为主要畜种。辛店文化主要分布于黄河上游及其支流湟水、洮河与大夏河流域，因1924年发现于甘肃临洮县辛店村而得名。年代约相当于公元前1000年左右。辛店文化居民的经济生活以农业为主，兼营畜牧与狩猎。②卡约文化与辛店文化的分布范围，正好是秦汉时期西羌的主要活动范围，两种文化的经济形态都以农业为主，而辅以畜牧与狩猎，它们之间的区别可视为羌族不同支系间的发展不平衡。从时间上看，卡约和辛店文化的下限，正好可以同《后汉书·西羌传》所记载的河湟诸羌的上限相衔接。至于同传所载的羌族“以射猎为事”、“以产牧为业”等现象，似与卡约、辛店文化居民的主要经济生活不符，则同样可以用西周中后期的气候变化来解释。一般情况下，持续数百年的干旱和寒冷，会使农业生产受到严重的影响而衰退。所以，尽管在公元前1000年以前，河、湟之间已有比较发达的农业，但由于恶劣气候的影响，到战国初年时，已出现“河湟间少五谷，多禽兽，以射猎为事”的现象。

以上羌族的考古学文化既明，其与氐族的区别与联系就比较清楚了。即以考古学文化看，两者各自所属的文化是不同的，这不仅表现在地域上，也

① 参见马长寿《氐与羌》，上海人民出版社1984年版，第9—22页。

② 《中国大百科全书·考古卷》，第485—486页、585—586页。

表现在经济文化类型上。具体来说，一个在东，一个在西；一个以畜牧为主，一个以农业为主。在一般情况下，不同的经济文化类型的考古学遗存，往往不属于一个文化系统，也往往不同属于一个民族。因此，氐与羌尽管在地域上紧邻，时代上相同，经济、文化上可能互相影响，但它们却是两个不同的民族。

第二章　汉魏时期的氐族

一、汉代氐族的分布

秦汉之际氐族的分布，与其原始的分布地大体是一致的。《史记·西南夷列传》载：

> 西南夷君长以什数，夜郎最大；其西靡莫之属以什数，滇最大；自滇以北君长以什数，邛都最大：此皆魋结，耕田，有邑聚。其外西自同师以东，北至楪榆，名为巂、昆明，皆编发，随畜迁徙，毋常处，毋君长，地方可数千里。自巂以东北，君长以什数，徙、筰都最大；自筰以东北，君长以什数，冉駹最大。其俗，或土著，或移徙，在蜀之西。自冉駹以东北，君长以什数，白马最大，皆氐类也。此皆巴蜀西南外蛮夷也。

以上文字，《汉书·西南夷两粤朝鲜传》所载略同，而《后汉书·南蛮西南夷传》文字稍异："自嶲东北有筰都国，东北有冉駹国，或土著，或随畜迁徙。自冉駹东北有白马国，氐种是也。"又说："白马氐者，武帝元鼎六年（前111）开，分广汉西部，合以为武都。"

史学界对上述文字有不同的理解，大致可归纳为三类：一是认为西南夷皆氐类；二是认为氐类包括徙、筰、冉駹、白马等；三是认为氐类是指冉駹东北的一些部落，如白马氐。马长寿认为，司马迁将徙、筰都与冉駹并列，说"其俗，或土著，或移徙，在蜀之西"，已作断句。以下再说"自冉駹以东北，君长以什数，白马最大，皆氐类也"，又作一小结。最后一句"此皆巴蜀西南外蛮夷也"，是总结前面提到的诸族皆为西南夷。因此，司马迁所说的氐类，应该是自冉駹以东北的，以白马为首的十余个大部落。①

冉駹在今四川境内的岷江上游，白马在其东北，当在今白龙江流域。白马与当时广汉郡的西部合为武都郡，范围相当于今甘肃陇南至陕西略阳一带。据此，秦汉之际氐族分布的中心，是在今甘肃、陕西、四川数省的交界处。以下，围绕这个中心，叙述汉代氐族的分布。

（一）白马氐。即《史记·西南夷列传》所载的“白马”，亦即《后汉书·南蛮西南夷传》的“白马国”、“白马氐”，他们的活动中心在汉代的武都郡。《汉书·地理志》武都郡条下，应劭注：“故白马氐、羌。”武都郡共辖九个县，它们是：武都（治今甘肃西和南）、上禄（治今甘肃成县西）、故道（治今陕西宝鸡西南）、河池（治今甘肃徽县北）、平乐道（治今甘肃武都东北）、沮（治今陕西略阳东）、嘉陵道（治今陕西略阳东北）、修成道（治今甘肃成县东南）、下辨道（治今甘肃成县西北）。九县中称道的有五个，《汉书·百官公卿表》：“有蛮夷曰道”，可知此五道当为氐或羌人所居。又，武都、沮、河池等，亦为氐人聚居之地，以上均不称为道，疑有阙文。②其实，武都也称作武都道，沮亦称沮道。③而河池虽无氐道之名，但氐人“居于河池，一名仇池”④，故知河池亦为氐族分布的中心区域之一。又，氐族中有“故氐”之称⑤，以此知故道实为“故氐道”的简文。以上诸道、县皆在武都郡的范围内，基本上就是白马氐分布的地区。

以武都为中心的氐族被称作白马氐，与白马水、白水等水名或地名有关。《水经注·漾水》说，“白水西北出于临洮县西南西顷山，水色白浊”，“白水又东南迳阴平道故城南”；“又有白马水，出长松县西南白马溪，东北迳长松县北，而东北注白水”。这里的“白水”，即今白水江、白龙江；“白马水”即甘肃文县西南白马峪河。今甘肃文县、四川平武县一带，尚有白马岭、白马关、白马峪等。平武县的“白马藏人”，乡政府所在地的一条小河亦称为白马河。上述地名，水名所以冠“白（马）”字，当与陇南、川西北的地理环境有关。白水江、白龙江流域的山体多由石灰岩构成，水流冲刷而

① 马长寿：《氐与羌》，第23—27页。

② 《汉书补注》引齐召南曰：《汉书·地理志》于汶江、绵虒、武都“不言道，殆阙文耶”。

③ 《后汉书·郡国志》武都作“武都道”；《三国志·魏书·杨阜传》有“沮道”。

④ 《后汉书·南蛮西南夷传》。

⑤ 《北史·氐传》。

下，河水自然呈白浊色，故这一带水名、山名多冠以白字。白马氐的得名，正由于氐人生活于这一地区，故称。汉晋之间，武都、汶山一带不仅有白马氐，还有白马羌、白马胡。汉宣帝地节三年（前67），“武都白马羌反”①；晋泰始十年（274），“汶山白马胡恣纵，掠诸种”②。由此可见，这些羌、胡迁入该地区后，受到自然地理条件和氐人名号的影响，亦称作“白马羌”、“白马胡”等。

武都地区的白马氐人，在汉代数量不小，《汉书·地理志》载，“武都郡，户五万一千三百七十六，口二十三万五千五百六十，县九”。氐族多分布在河谷地带，以耕种为事，容易成为郡县编户，可推知西汉时武都郡数十万人口中，包含有大量的氐人。自然还不包括那些僻居深山的部分。

（二）刚氐。有刚氐道，汉代属广汉郡。《汉书·地理志》刚氐道条下说：“涪水出徼外，南至垫江入汉。”《水经注》说，涪水“出广汉属国刚氐道徼外，东南流迳涪县西”。《华阳国志·汉中志》亦说，“刚氐县涪水所出”。“涪水”即今四川之涪江，据此可知刚氐道是在涪江上游。顾祖禹《读史方舆纪要》龙安府条下说：平武县，“汉广汉郡刚氐道地”；江油县，“汉为刚氐道地”。《大清一统志》：“古刚氐道在平武县东。”注文：“按刚氐为涪水所出，今涪水实出府西，则府境为故刚氐道无疑。”综合上引，可知汉代刚氐道在今四川西北的平武至江油一带。

刚氐，又作“刚羝”。汉代有“刚羝道长”、“刚羝右尉”等官名③。《后汉书·南蛮西南夷传》说：冉駹夷“土地刚卤，不生谷粟麻菽，唯以麦为资，而宜畜牧”。刚羝之“刚”，可以此语中“刚卤”之义为解。“羝”，则是指雄羊④。称刚氐为刚羝，似为汉朝对氐族酋豪的贬称。

（三）甸氐。有甸氐道，属广汉郡。《汉书·地理志》广汉郡甸氐道条下说，“白水出徼外，东至葭明入汉”。《大清一统志》记甸氐故道“在文县西”。吴云逵《武阶备志·郡县》亦说，“甸氐故城在文县西南”。综合诸说，知汉代的甸氐道，在今甘肃文县铁楼乡到四川平武县的白马乡一带。近年

① 《华阳国志·蜀志》。
② 《华阳国志·大同志》。
③ 吴幼潜编：《封泥汇编》，上海古籍书店1984年版，第70、123页。
④ 《说文解字》卷四释羝：“牡羊也，从羊，氐声。”

来，曾在白马乡出土秦半两、五铢钱，以及陶器、铁器等，为秦汉时遗物，估计汉代的甸氐道就在白马乡附近。

“甸”，颜师古注：“音食证反。”读若沈。东汉时有“沈氐羌”，据说是“羌在上郡西河者，号沈氐”[①]。但这只说了其分布，而没有解释何以称作“沈氐”。沈氐与甸氐音相同，但两者的出现地南北相去数千里，且沈氐又称羌，其间关系还需进一步探讨。

（四）湔氐。有湔氐道，在蜀郡。《汉书·地理志》蜀郡湔氐道条下说：“《禹贡》岷山在西徼外，江水所出。”这里说岷山在湔氐道西徼外，为江水发源处。古时江水指岷江，《水经·江水》说，“岷山在蜀郡氐道县，大江所出，东南过其县北”。“氐道县”就是湔氐道。《华阳国志·佚文》亦称湔氐道为氐道县。湔氐道的今地，《读史方舆纪要》说：“湔氐废县，在（茂）州西北，汉为湔道氐，属蜀郡。”《大清一统志》说：“古湔氐道，在（松潘）厅西北。”有人具体指在今松潘县北元坝子乡。[②]但也有说是在今灌县、汶川一带的。[③]若以白马氐、刚氐及甸氐所居的地域来看，湔氐道在松潘西北的可能性大，而后一说有失之过远之嫌。

湔氐道为湔氐所居。汉惠帝三年（前192），“蜀湔氐反”，被击平。[④]汉代，四川西北有湔水、湔山等名，湔水就是指今日岷江及其支流，皆因湔氐活动于岷江流域，遂有这些山名、水名。

除上述诸氐外，陇西郡尚有氐道[⑤]，颜师古注：“氐，夷种名也，氐之所居，故曰氐道。”汉景帝时（前156～前141），研种羌留何率族人求守陇西塞，汉朝“于是徙留何等于狄道、安故，至临洮、氐道、羌道县”[⑥]。据此可知，氐道的设置是在汉武帝开武都之前。氐道的今地，《水经·漾水》说：“漾水出陇西氐道县嶓冢山，东至武都沮县为汉水。”王先谦《汉书补注》说：“是汉水在氐道曰漾水，至武都曰汉水也。”依此可将氐道的地望定在天水西南。据此可知，在白马氐之北，还有一个氐人的分布中心，汉朝曾设氐

---

① 《后汉书·安帝纪》李贤引《续汉志》。
② 蒲孝荣：《四川政区沿革与治地今释》，四川人民出版社1986年版，第11页。
③ 罗开玉：《秦汉三国湔氐道湔县考》，载《四川师范学院学报》1985年第3期。
④ 《史记·汉兴以来将相名臣年表》。
⑤ 《汉书·地理志》。
⑥ 《后汉书·西羌传》。

道进行管辖。

此外，广汉郡的阴平道，亦因有阴平氐所居而设县。《华阳国志·汉中志》载，阴平郡“土地山险，人民刚勇，多氐傁，有黑、白水羌、紫羌，胡虏风俗、所出与武都略同”。此处，氐被列为诸夷、羌之首，可见阴平地方的氐人是很多的。

汉代氐族的分布，除以上所考证的，尚可据杜佑《通典》的记载，作一归纳。《通典·州郡》载：第一，汉代氐族的中心区域，是唐代的武州、成州，“武都郡武州，古白马氐之国，西戎之别种也”。又说：“同谷郡成州，古白马氐国。”唐代武州、成州接境，在汉代属武都郡，即今天陇南的西和、成县、武都一带。第二，氐族的东境是兴州，“顺政郡兴州，战国时为白马氐之东境，二汉属武都郡”。兴州故治在今陕西的略阳，该地为白水所流经。第三，氐族的南境是龙州，龙州“江油（县）有石门山，与氐分界”[①]。江油在今四川平武县东南。第四，氐族的西境是文州，“阴平郡文州，古氐羌之境。汉开西南夷，置阴平道，属广汉郡”。文州的治所在今甘肃文县。第五，氐族的北境是凤州，“河池郡凤州，春秋氐羌之所居”，地在今陕西凤县。至于湔氐道所在，没有提及，只是说松州为“历代诸羌之域”，这里似有疏漏。[②]

综上所述，汉代氐族分布的区域，主要是在今甘肃的西和、成县、武都、文县，四川的松潘、平武、江油，以及陕西的略阳、凤县等地。这一地区是黄土高原的东南角，以及与青藏高原、秦岭山地接址的地带，地理学上称之为“湿润流水作用地区”。如以甘肃天水为最北点，其东南为“低山地区”和“丘陵地区”，西南面为“中山地区”，地貌为中等切割（500～1000米）。这一地区，恰好是嘉陵江上源白龙江等河流所经之地，众多的河流基本上呈西北——东南流向。因此，可以说这一地区在地貌、山川、植被、降雨量、气候等方面，都自具一定的特色，它影响或决定了生活在这一地区的氐族，故形成他们的以农耕为主、畜养为辅的经济形态，以及特有的文化生活等。

---

① 江油，《通典》（中华书局1984年影印本）原作“油江”，现据《元和郡县图志》（中华书局1983年点校本）龙州江油县条改。

② 赵卫邦：《川北甘南氐族考略》，载《四川地方史研究专辑》，四川大学学报丛刊第5辑，1980年。

二、两汉与氐族的关系

两汉时期，氐、汉关系中的大事，就是汉朝为经略西南，始进入氐族居住地区，设置郡县，把氐区纳入中央王朝的统一管辖之下。

西汉建元六年（前135），汉武帝遣唐蒙使夜郎，夜郎侯多同附汉，汉置犍为郡。接着又命司马相如招抚邛、筰，以其地置一都尉、十余县，属蜀郡。元鼎六年（前111），汉朝拓南夷地置牂柯郡（今云南东部、贵州西部），又封夜郎侯为夜郎王。于是西南夷争求内属。武帝遂以邛都为越嶲郡，以筰都为沈黎郡，以冉駹为汶山郡，以白马为武都郡。如前所述，当时汧、陇以南的氐族，是以白马氐为主的十多个部落集团。这种“君长以什数”，各自称王的局面，不利于汉朝的中央集权统治。汉武帝元朔四年至六年（前125～前123）间，汉欲通大夏，令张骞从蜀、犍为遣发使者，四道并出。结果，南方行至嶲、昆明，北方受阻于氐、筰。[1]元鼎六年汉朝置武都郡，《魏书·氐传》载此次事件说，氐人“秦汉以来，世居岐陇以南，汉川以西，自立豪帅。汉武帝遣中郎将郭昌、卫广灭之，以其地为武都郡”。设置郡县之后，历来统属于部落的氐人，不适应郡县制的统治，便向境外流徙。《魏略·西戎传》所说的，汉置武都郡，“排其种人，分窜山谷间”，就是指此事。

汉朝于氐族聚居的地区设立郡县，意义是深远的。武都郡领九县，略相当于今日甘肃的陇南地区，以及陕西的略阳、凤县一带。首先，从地域上看，这正是白马氐分布的中心，是氐族集中的地区。同时，汉朝所置的陇西郡、广汉郡、蜀郡中，还有氐族比较集中的若干道、县，如氐道、湔氐道、刚氐道、甸氐道等。汉朝在氐族地区设置郡县，把氐人纳入统一的中央政权的管辖之下，无疑对这一地区的开发、建设和交通起到巨大的推动作用。其次，中原地区人口比较集中，开发较早，经济文化相对来说要发达一些。汉朝在氐族地区设置郡县，派遣官吏，自然会带去一些中原的经济、文化措施，使氐族能够接触到较为先进的东西，这对其社会的发展变化会起到促进

---

① 《史记·大宛列传》。张守节《史记正义》说：“氐，今成州及武等州也。”

作用。

当然，汉朝在少数民族地区的施政，必然会带有封建剥削和民族歧视的性质。所以，汉朝在氐族聚居地区施行的拓边政策，不可避免地要引起氐人的不满。加之，以部落集团的形式存在的氐人，对封建郡县制缺乏适应力，所以他们在向境外流徙的同时，又多次起义反抗汉朝的统治。汉武帝元封三年（前108），“武都氐人反”，汉朝派兵前去征讨。平息之后，将一部分氐人迁徙到酒泉郡（治今甘肃嘉峪关市）①。这就是《魏略·西戎传》提到的在“福禄”（禄福）的氐人，如此在河西走廊西段也出现了氐族的聚居区。至汉昭帝元凤元年（前80），武都氐人又一次起义，反抗汉朝的统治。汉昭帝派执金吾马适建、龙頟侯韩增等率兵讨击，大概很快就将起义的氐人镇压下去。②以后不久，氐人又举行过起义。昭帝元凤四年（前77）夏四月诏：“度辽将军明友前以羌骑校尉将羌王侯君长以下击益州反虏，后复率击武都反氐。”③这次武都氐人的起义，可能发生在元凤四年以前。在汉昭帝时，还发生过另一次氐人起义。《汉书·赵充国传》说：“昭帝时，武都氐人反，充国以大将军护军都尉将兵击定之。”这次平定氐人的反抗，出征主将是赵充国，与元凤四年以前范明友率军出征武都氐人不同。

西汉末年，王莽乱政，中原自顾不暇，边地郡县官吏涣散，氐族又乘机起义。到东汉建武初年，刘秀起兵光复汉室，势力发展很快。当时在陇西和四川西部有两个割据政权，一是隗嚣，另一个是公孙述。氐族夹在这两个政权之间，自然成为双方争夺的对象。所以史书说：“建武初，氐人悉附陇蜀。”④之后，刘秀灭隗嚣，又派马成等率军平定武都，于是氐人纷纷前来降附。建武十一年（35），马援任陇西太守，“招抚塞外氐、羌”。氐人背公孙述来降。于是马援上疏，请恢复氐人侯王、君长的称号，并颁赐印绶。光武帝下令一一照办，并撤回了马成的军队。⑤建武十二年（36），孔奋被任命为武都郡丞。他到任后，联合氐人大豪齐钟留，扫除了隗嚣的

① 《汉书·武帝纪》;《后汉书·南蛮西南夷传》。
② 《汉书·昭帝纪》;《后汉书·南蛮西南夷传》。
③ 《汉书·昭帝纪》。
④ 《后汉书·南蛮西南夷传》。
⑤ 《后汉书·马成传》;《后汉书·马援传》;《资治通鉴》卷四二，汉建武十一年。

残余势力。后来，在汉安帝永初三年（109），东汉还联合氐、羌，平息了李贵之乱。[①]

东汉末年，黄巾起义爆发，中原战乱，烽烟四起。汉灵帝（168～189年在位）末，凉州爆发了有氐人参加的起义，后被镇压。汉献帝初平中（190～193），汧、陇一带的氐、羌又举行起义，被马腾等率兵平息。[②]

综上所见，两汉之世氐、汉关系中的大事，是汉朝在氐族聚居区始设郡县，进行管理。这一举动，从长远来看，对氐族社会的发展，氐、汉人民的交往，以致对多民族国家的形成和发展都有好处。同时，汉朝的封建统治和民族压迫政策必然会引起氐族的反抗。氐族的多次起义，就是在这种背景下发生的。从氐族多次起义的事件中，似乎可以看出：每当中原动乱，汉朝中央政权不稳固，因而影响到边地郡县官吏的时候，就有氐人起而反抗，或归附于地方割据政权。而当全国形势稳定，中央政权稳固有力之时，氐族的起义就相对少一些。在后一种情况下，氐族还与郡县官吏合作，共同扫平割据势力。

三、三国时氐族的迁徙

公元3世纪初叶，中国历史进入魏、蜀、吴三国鼎立时期。由于地理上的关系，北方的曹魏与四川的蜀汉，对氐族地区争夺激烈。

东汉末年，介居陇、蜀之间有两大氐王：一是兴国氐王阿贵，居兴国城（今甘肃秦安东北）；一是百顷氐王杨千万[③]，原居仇池山（今甘肃西和南），两王各拥有氐众万余户。同时，下辨（今甘肃成县西北）等地有氐帅雷定等七部，拥氐众万余户；河池也有氐王窦茂，拥氐众万余人。此外，还有许多无名的王侯小帅，分布于汧、陇各地。汉献帝建安十四年（209），夏侯渊与韩遂战于渭南，又击“隃麋、汧氐”[④]。《后汉书·郡国志》司隶右扶风有渝

---

① 《后汉书·天文志》孝安帝永初三年：“使羌、氐讨贼李贵。”

② 《三国志·蜀书·马超传》引《典略》；《三国志·魏书·庞德传》。

③ 中华书局点校本《三国志·魏书·乌丸鲜卑东夷传》裴松之注引《魏略·西戎传》作“白项氐王千万”。查《宋书·氐胡传》、《北史·氐传》均作“百顷氐王”，故改。

④ 《三国志·魏书·夏侯渊传》。

麋侯国，地在今宝鸡西北一带。[①]可知“隃麋、汧氐”，是在氐之前冠以地名，以表示居于该地的氐族部落。

在曹魏与蜀汉两大政权之间，氐族多是倒向后者的。建安十六年（211），马超等反于潼关，关陇一带的氐人跟着起兵，附超反曹。次年，马超与夏侯渊战于冀县（汉阳郡郡治，今甘肃甘谷东），曹军不利。“汧氐反”，响应马超。[②]建安十八年（213），马超踞汉阳攻魏，氐王杨千万起兵响应。次年，马超帅氐、羌之众数千人，与操将张郃战于渭水。结果，马超军败，退往汉中。曹操军追至略阳（属汉阳郡，今甘肃庄浪西南），与韩遂所率的氐王千万部遇战，大败韩遂。又进军围兴国氐，杀氐王阿贵及部众无计其数。氐王杨千万兵败后，逃奔马超，他们一起经由武都至蜀，投附了刘备。二氐王余众只好归顺曹魏，一部分被迁徙到扶风之美阳（今陕西武功西北），大部分仍留居汉阳、南安界内，大致就是今天甘肃的天水地区。[③]

建安二十年（215）三月，曹操西征张鲁，至陈仓（今陕西宝鸡东北），欲自武都入汉中。氐人因附蜀，所以起兵拥塞了通道，后被魏将张郃等攻破。曹操遂率军自陈仓出散关（今宝鸡西南），行至河池，氐王窦茂又率万余人据险阻挡，亦被张郃攻破。曹操平张鲁后，遣武都太守苏则“绥定下辩诸氐”。次年，夏侯渊等又征讨武都氐、羌于下辩，“收氐谷十余万斛”[④]。至此，曹操经过数年的征战，基本稳定了关陇一带的局势。附蜀的氐人王侯如杨千万、阿贵等，或南投刘备，或被消灭，而大部分氐人则接受了曹魏的统治。

建安二十二年（217），刘备遣张飞、马超从沮道进攻下辩，“氐雷定等七部万余落”响应。曹洪等从天水南下拦击马超，马超退兵。曹洪打败蜀将吴蓝部，吴蓝在撤退中，被阴平氐强端所杀。[⑤]建安二十四年（219）三月，曹操至汉中。当时夏侯渊已被蜀军所杀，曹操以武都孤远，恐怕被蜀汉占领，

---

① 《大清一统志》：“隃麋故城，在汧阳县东。……汧县故城，在陇州南。……汧阳故城，在今汧阳县西。”

② 《三国志·魏书·夏侯渊传》。

③ 《三国志·蜀书·马超传》；《魏略·西戎传》：“其部落不能去，皆降。国家分徙其前后两端者，置扶风、美阳，……其本守善，分留天水、南安界，今之广魏郡所守是也。”

④ 《三国志·魏书·武帝纪》；《三国志·魏书·张郃传》；《三国志·魏书·夏侯渊传》。

⑤ 《三国志·魏书·武帝纪》；《三国志·魏书·杨阜传》。

于是命令雍州刺史张既到武都，迁氐人五万余户到扶风、天水（即汉阳）界内。不久，刘备攻占汉中，迫近下辩。魏武都太守杨阜，又前后徙武都汉、氐万余户于京兆（故治在今西安西北）、扶风、天水等地。[1]

曹魏迁徙氐人的背景是明显的。因为在与蜀汉的对峙中，由于马超、韩遂等人的影响，氐人多倒向蜀汉一方，他们经常配合马超等阻截曹魏的军队。更重要的是，氐族诸王侯或酋帅，皆拥众自立，割地而据，不愿受封建王朝的统治。由于曹魏在统治地位上，是以东汉王朝的继续自居的，所以他们在氐族地区的施政，会受到部分氐族王侯的反抗，兴国氐王阿贵、百顷氐王杨千万、沮中氐帅雷定等附蜀反魏，就属于这种情况。

武都和略阳的氐人，虽经过两次大的迁徙，但留下的氐人仍然很多，原有的王侯部落集团仍然存在，如《魏略·西戎传》说，"今虽都统于郡国，然故自有王侯在其虚落间。又故武都地阴平街左右，亦有万余落"。魏黄初元年（220）七月，武都氐王杨仆率部属附魏，被安置在汉阳郡内。[2]蜀汉建兴七年（229）春，诸葛亮遣陈式等进攻武都、阴平，遂得二郡。蜀后主诏策诸葛亮，说："降集氐羌，兴复二郡，威震凶暴，功勋赫然。"[3]但这时的武都郡，经过曹魏多次的徙民后，可徙之民已不如前。故史书中不易见到徙氐民入蜀的事件。魏青龙三年（235），武都氐苻双、强端率六千余众降魏。第二年四月，武都氐王符健及氐民四百余户降蜀，刘后主派将军张尉等前往接应。但由于氐人内部意见不一，符健弟先率四百户投魏，健只身来到蜀地。[4]魏正始元年（240），姜维出兵陇西（治襄武，今甘肃陇西南），被魏军打败。魏将郭淮乘胜追至强中，又迁氐人三千余户到关中。[5]从与姜维作战的地点而言，郭淮所徙的氐民当在原陇西郡，此郡旧有安故、氐道二县，皆有氐人居住。

---

① 《三国志·魏书·张既传》；《三国志·魏书·杨阜传》。

② 《三国志·魏书·文帝纪》。

③ 《华阳国志·刘后主志》。

④ 《晋书·宣帝纪》；《三国志·蜀书·张嶷传》。

⑤ 《三国志·魏书·郭淮传》。

汉魏时期氐族迁徙一览表

序次	时间	迁徙地	背景	人数	迁往地
1	西汉元封三年（前108）	武都	反抗汉朝统治	不详	酒泉郡禄福（今甘肃酒泉市）
2	东汉建安十九年（214）	略阳、兴国	氐众附蜀反魏	不详	扶风之美阳（今陕西武功西北）
3	东汉建安二十四年（219）	武都	曹操恐氐民为蜀汉所得	五万余落，又万余户（落即户，共六万余户，三十余万口）	京兆、扶风、天水（今陕西西安、宝鸡地区、甘肃天水地区）
4	魏黄初元年（220）	武都	氐王杨仆附魏	不详	汉阳郡（即天水郡）
5	魏青龙三年（235）	武都	氐苻双等附魏	六千余众	不详
6	魏青龙四年（236）	武都	氐王符建弟附魏	四百户（约二千余口）	不详
7	魏正始元年（240）	陇西	曹魏徙氐人实关中	三千余落（近二万口）	关中

经过自汉以来的多次迁徙，魏晋时期的氐族，除了原来在武都、阴平二郡的聚居地外，在关中和陇右又形成两个分布中心。关中的氐人，魏晋时分布在京兆、扶风、始平（治槐里，今陕西兴平东南），其中以扶风郡为最多。扶风郡的氐人则集中在雍、美阳、汧、隃麋等县。据《魏略·西戎传》记载，被徙至扶风、美阳的氐人，归安夷和抚夷二部护军管辖。魏晋时的护军，是统率少数民族部落以镇守边郡的武官。属下有参军、功曹等官职，亦有部大、酋大等，很多都是以少数民族的首领充任。[①]陕西岐山、扶风曾出土两方有关氐族的印章，分别为“巍率善氐佰长”、“巍率善氐仟长”[②]。巍即魏；率善的意思是归顺、归义；佰长、仟长指统领一定人数的部落首领。这两方印，有可能是授予安夷、抚夷护军属下的氐族部落首领的。

氐族又一个分布中心，在陇右的天水、南安、广魏（即略阳）三郡之内。不过需说明的是，这三郡内的氐人，有一部分是自汉武帝开益州、置武都郡时，因受到排挤而迁来的。或者，陇右氐人的来源还要早一些。春秋战

① 马长寿：《氐与羌》，第44页。

② 庞怀靖：《陕西岐山县博物馆藏两方官印》，载《文物》1986年第11期。

国时，与氐人有关的邽、冀、傆戎，就已活动于陇右地区。此后有氐族杨氏，“秦汉以来，世居陇右，为豪族”①。这里把氐杨的来源追溯到了秦汉之际。近年天水放马滩秦墓出土的木板地图，就记有“杨里”、“上杨谷”、“下杨谷”等地名②，这些地名可能是因为氐族杨氏活动于此而留下的。魏晋以后，陇右氐人活动的能量很大，十六国中的前秦苻氏及后凉吕氏，他们都源出略阳氐族。这一点，我们还要在后面讲到。

四、汉魏之间的氐族社会

从战国到汉魏，氐族社会的发展经历了数百年的历史。其间，由于氐族居住区域的相对封闭性，其社会、经济和文化，显示出许多的特点。

属于氐族先民的寺洼文化居民，所处的社会发展阶段已是原始社会末期。甘肃西和县栏桥寺洼文化墓葬的出土表明，男子的随葬品从种类及数量上都已超过妇女、儿童，因而可以确认当时至少已是父系氏族社会。公元前1000年开始的气候变化，有可能中断寺洼文化的持续发展，促使其居民的经济活动从畜牧转向农耕。但是，寺洼居民的氏族部落组织，不可能也因此而涣散。因而战国时期出现的氐族社会，基本的单位仍是部落。属于氐人系统的衙戎、傆戎、冀戎之中，出现了“貘王”等名称，可视为是由若干部落组成的部落集团的酋长。《魏略·西戎传》说，“氐人有王，所从来久矣”。就是说很早以来，氐人部落中已有部落集团的首领。

进入汉魏以来，氐族的以王、侯为首领的部落集团依然存在。汉末建安中，“兴国氐王阿贵、百顷氐王千万各有部落万余”；“又故武都地阴平街左右，亦有万余落”③。所谓“部落”或“落”，当指氏族组织解体后分化出来的小聚落，其含义与村差不多。不过，落有时候可能是指户。如建安中，张既徙武都氐人万余落至扶风、天水，此处“落”，当与杨阜前后徙武都汉、氐万余户之“户”相同。否则，若硬将落作村讲，那张既所徙氐人之数是无法

① 《宋书·氐胡传》。

② 何双全：《天水放马滩秦墓出土地图初探》，载《文物》1989年第2期。

③ 《魏略·西戎传》。

计算的，因为“五万余村”不是一个具体的数字。

史籍记载氐族氐族组织的残余说，“其种非一，称槃瓠之后，或号青氐，或号白氐，或号蚺氐，此盖虫之类而处中国，人即其服色而名之也”[①]。后人引这段文字，多删去“此盖虫之类而处中国”一句，原因是“虫之类”不可详解。氐族大概原是有图腾崇拜的，如“蚺”为一种动物名，其形似即“虫之类”，这可能是氐族图腾崇拜的痕迹，而后来用以称氐族的某些聚落。又如，略阳氐苻氏先姓蒲，有一传说称：“始其家池中蒲生，长五丈，五节如竹形，时咸谓蒲家，因以为氏焉。”[②]无论蒲（苻）氏是否起于苻洪这一支[③]，关于蒲的传说，亦是反映的图腾崇拜。其次，氐人“或号青氐，或号白氐”。青氐即黑氐，同一民族分为黑白，当为氏族时期的遗存，此点可从氐族先民寺洼文化居民的墓葬中寻得一点联系。1982年，考古工作者在甘肃西和县栏桥村发现寺洼文化墓葬多座。在其中五座墓的填土中，发现有少量青、白色的天然石块，位置无定，长宽约为20～40厘米，厚10厘米。报告说，这些石块可能是有意放入的。[④]这当与后来氐族的信仰习俗有关。在氐族居住的陇南及陇西地区，山体岩石多呈白色，亦有黑色。在原始社会中，由于生产力水平低下，人们对自然界的日月星辰、山水草木等，均可能产生一种神秘感，这就是所谓的自然崇拜。这种现象，在今天的一些少数民族中，尚能见到。四川平武县的“白马藏人”，就有崇拜“白马老爷”的习惯。而“白马老爷”，是一座呈青色的独峰石岗（距平武县王霸楚区所在地约5华里）。联系此，可推知寺洼文化的某些居民，是有青石、白石崇拜的，他们以此为图腾，或以为氏族的族徽，以致使后来的氐族有青氐或白氐之分。

史籍称，氐族“其种非一，称槃瓠之后”，比较费解。《后汉书·南蛮西南夷传》载：槃瓠死后，他的后裔“好五色衣服，制裁皆有尾形，……今长沙武陵蛮是也”。晋人干宝说得更清楚，“武陵、长沙、庐江郡夷，槃瓠之后

① 《魏略·西戎传》。

② 《晋书·苻坚载记》。

③ 《晋书·苻洪载记》：“时有说（蒲）洪称尊号者，洪亦以谶文有‘草付应王’，又其孙坚背有‘草付’字，遂改姓苻氏。”但三国时已有苻双、符健，可见氐人本有苻姓，或作符、蒲，因古无轻唇音，此三字皆同音异译，非苻洪始改。

④ 甘肃省文物工作队等：《甘肃西和栏桥寺洼文化墓葬》，载《考古》1987年第8期。

也。杂处五溪之内”[①]。据此可知，汉魏史籍中所说的槃瓠之后，主要是指杂处五溪（今湘、黔、川交界处）内的一些苗民部落。这一地区，至今仍是苗族的聚居区，新中国成立后建立了苗族自治州和自治县。而氐族与称为槃瓠之后的苗民是不相同的，鱼豢称其为槃瓠之后，恐是误植。

东汉陇西郡有襄武城，“襄武有五鸡聚”，又作“五谿聚”[②]。襄武即今陇西县，五谿聚在其西面不远。《陇西记》载：“襄武有五谿，杨盛分羌为五部，错居谿旁，每谿为五聚，于是有五谿之号。”[③]是知五谿为氐人所居之地。谿通溪，此陇西“五谿”与武陵、长沙的五溪同名而异处，所居的民族亦不同。恐鱼豢不察，张冠李戴，故有氐人为槃瓠之后的误说。

归纳上述，汉魏期间的氐族社会，氏族组织已经解体，已进入了阶级社会的初级阶段，但氏族部落的影响和痕迹还明显存在。至于其阶级社会的属性，则较难判断，史籍中没有氐人使用奴隶于生产的记载，仅见晋初有氐酋买良人子为奴的情况。[④]因此可认为，汉魏时期的氐族社会，在氏族组织解体后，由于汉族封建经济和文化的影响，已开始向封建社会过渡。

氐族的上层，主要是占有财富和部曲的大姓、豪族等，如史籍所载的氐族“君长”、“王”、“王侯”等。这些君长、王侯已不是纯粹的氏族酋长，而应视为地区性的部落首领。如东汉时武都郡有氐豪齐钟留，“为种类所敬信，威服诸豪”[⑤]。晋略阳清水氐杨氏，自秦汉以来就是陇右的“豪族”，汉献帝建安中，“有杨腾者，为部落大帅”[⑥]。齐钟留、杨腾等，都是区域性的氐族首领。当然，从“种类”云云来看，氏族的影响仍然是很大的。

氐族王侯或部落大帅所拥有的人众，主要是他们的部曲。其中又可分为两类，一类是与他们在氏族血缘上有联系的人，即所谓“种类”。这些人由残存的氏族纽带所联系，而处在豪帅的统领之下。第二类是在与毗邻地区作战时，俘虏过来的人。这两类人平时要为主人进行生产，或向他们缴纳实物。如遇战事，又要拿起武器为主人打仗。为了说明这一点，可以举稍晚

① 《后汉书·南蛮西南夷传》李贤注引《晋纪》。

② 《后汉书·郡国志》；顾祖禹《读史方舆纪要》引作“五谿聚”。

③ 转引自《读史方舆纪要·巩昌府陇西县》五谿聚条。

④ 《资治通鉴》卷八八，晋建兴元年八月条。

⑤ 《后汉书·南蛮西南夷传》。

⑥ 《宋书·氐胡传》。

一点的史料来证明。晋建武元年（317），仇池氐王杨茂搜死，他的两个儿子“分部曲”，一个屯下辨，称左贤王；一个屯河池，称右贤王。[①]可知氐王之下的部曲是生产兼军事的，他们是氐族部落集团的主要支柱。

汉魏时期，氐族主要分布在甘肃东南部、四川西北部和陕西西部。这里是渭河与嘉陵江上源流经之地，气候适中，水源丰富，有丘陵、低山、中山等地区，既适合于农耕，又宜于畜牧。从战国以来，氐族主要的经济生产，已从畜牧转向农耕，《魏略·西戎传》说，氐人能织布，善田种，畜养豕、牛、马等。《后汉书·南蛮西南夷传》载，白马氐所居处，“土地险阻，有麻田，出名马、牛、羊、漆、蜜”。这些记载表明，氐族是以农耕为主，而兼营畜牧的。氐族农耕的具体规模，史载阙如，但估计是不小的。陇南、川西北，河流较多，易形成冲积带，加之丘陵地区多为黄土堆积，故可资耕作的面积不小。对氐族耕作规模的估计，可从两点史实上得到证明。建安二十一年（216），夏侯渊击武都，“收氐谷十余万斛”；二十四年（219），张既“从散关入讨叛氐，收其麦以给军食”[②]。夏侯渊一次就收获氐人种的稻谷十余万斛，折合百万余斗，足见氐族农耕的规模是很大的。

自然，由于氐族分布较广，各个地区的经济、粮食作物不尽相同，农畜的比重也有差异。史籍说的能织布、善种田、畜养牲口等，似指陇右氐人的情况；所谓土地险阻，有麻田，出名马、牛、羊等，则是陇南白马氐的情况。以土地险阻而论，当是指今武都以南至文县一带。再往南，川西北的氐人聚居区，如前所述湔氐、刚氐、甸氐道地区，由于地理气候条件不同，经济生活又略有不同。如岷江上游的冉駹之地，“其山有六夷七羌九氐”，“土地刚卤，不生谷粟麻菽，唯以麦为资，而宜畜牧”[③]。这里，包括氐人在内的经济活动内容，畜牧的成分与种麦大概是并重的。

氐族的居住习俗，主要是“板屋土墙”式。汉代天水、陇西，“山多林木，民以板为室屋”[④]。南北朝时，氐人于仇池山上的平地，立宫室、果园、仓库，“无贵贱皆为板屋土墙”[⑤]。可见，居住板屋是氐族的重要特征。这种

---

① 《宋书·氐胡传》。
② 《三国志·魏书·张既传》。
③ 《后汉书·南蛮西南夷传》。
④ 《汉书·地理志》。
⑤ 《南齐书·氐传》。

建筑形式，后世仍未改变。清代四川西北至甘肃陇南一带，“番民所居房屋，四周筑土墙，高三丈，上竖小柱，覆以松木板”[①]。这就是自称氐族之后的“白马藏人”的住房。这种房屋多呈长方形，东西向，大门开在南面。均建三层，二楼一底。下层关牲畜，中层住人，上层堆放粮食、麦草等。全屋三分之二系土墙，三分之一系木板。[②]

氐族是农业兼畜牧的民族，所以种桑、麻，能织布帛，即史书所记：“俗能织布”。《说文解字》：“绀，氐人殊缕布也”；“纰，氐人罽也”。包含有氐人在内的冉駹夷，“其人能作旄毡、班罽、青顿、毞毲、羊羧之属”[③]。有人认为毞即纰；殊缕布，是用麻缕织成的异色相间的布。[④]可见，氐族的织物在古代就很有名，东汉时已为中原人所知晓。有关氐族的服饰，史载：“其妇人嫁时着衽露，缘饰之制有似羌，衽露有似中国袍。皆编发。”[⑤]衽露二字同义反复，可能是指衣襟。[⑥]缘饰之制，大概是指在衣服上绣有花边。《龙安府志·武备志》说：“番民服色，男多穿红毪衣，衣领暨下脚边，具有青花布。”今平武“白马藏人”，多穿此种服色，可备参考。至于氐人的编发，已无形象资料说明。清代，平武、南坪一带的少数民族妇女，皆“剃鬓，余发总成一辫于后，包以青布”。[⑦]古代氐族妇女的编发是否与此相似，有待进一步考证。

氐族的丧葬习俗，史籍所载不多。前文已提及的《荀子·大略篇》说：“氐羌之虏也，不忧其系垒也，而忧其不焚也。”据此，氐、羌似确有火葬习俗。但被认为是氐族先民文化的寺洼文化中，虽已见有少量火葬遗迹，但仍以土葬为最多。川西北被认为与氐族有关的石棺葬，发现的火葬遗迹亦不多。因此，可以说氐族并非一定实行火葬，而是与土葬并行的。稍后，前秦苻健死葬原陵，后凉吕光死后葬高陵，[⑧]亦可作氐族土葬的旁证。

---

① 邓存冰等：《龙安府志·武备志》土司条，道光二十二年刻本。

② 四川省民委民族识别组：《“白马藏人”调查资料辑录》，载《白马藏人族属问题讨论集》（1980年），第145页。

③ 《后汉书·南蛮西南夷传》。

④ 段玉裁：《说文解字注》，第662页。

⑤ 《魏略·西戎传》。

⑥ 马长寿：《氐与羌》，第17页注2。

⑦ 《龙安府志·武备志》土司条。

⑧ 《太平御览》引《十六国春秋·前秦录》、《十六国春秋·后凉录》。

宗教盟誓方面，《史记·龟策列传》说："蛮夷氐羌虽无君臣之序，亦有决疑之卜。或以金石，或以草木，国不同俗。然皆可以战伐攻击，推兵求胜，各信其神，以知来事。"氐族大概是有占卜求神之事的。三国时有过这样一件事：贾诩字文和，武威姑臧人，以孝廉为郎。后因疾病辞官，还乡行至汧，"道遇叛氐，同行数十人皆为所执"。贾诩对氐人说，我是太尉段颎的外孙，我家会出厚资赎我，你们不要加害于我。当时段颎久为边将，威震西土，所以贾诩借以吓唬氐人。"氐果不敢害，与盟而送之，其余悉死。"[①]此事反映出，氐族部落之间盟誓之风盛行，故亦用于与汉族、羌族间的交往。汉魏之时，西北氐、羌等族盛行盟誓之俗。如宣帝时，"先零（羌）乃与诸羌大共盟誓，将欲寇边"[②]。可见，盟誓乃是西北少数民族用于本民族内各部落之间，或族际之间交际的一种方式，目的在于确定其需要的战争、和盟等。

① 《三国志·魏书·贾诩传》。

② 《后汉书·西羌传》。

第三章　西晋十六国前期的氐族

一、西晋对少数民族的统治

经过汉魏之间几次大的迁徙，西晋初年，关内一带出现了大批氐人，他们主要分布在京兆、扶风、始平等地。晋武帝咸宁三年（277），汝阴王司马骏被封为扶风王，以郡内的氐人为其封户。[①] 从此，徙至扶风郡的氐族，变成国家的编户，直接归扶风王统治。其他郡内的氐族，也逐渐成为了编户。

除氐族以外，西晋时迁入内地的少数民族还很多。如匈奴从东汉以来，不断南徙。晋初的平阳、西河、太原、新兴、上党、乐平诸郡，皆有匈奴人居住。太康年间（280 ～ 289），又有十余万口匈奴人迁入关中。他们亦成为编户，要负担国家的赋役。又如羌族，自汉以后不断向内地迁徙，到西晋时，关中的冯翊、北地、新平、安定，居住着大量的羌人。此外被徙入关中及秦州、凉州、并州、幽州的，还有鲜卑人、賨人、胡人等。有人论及当时关中的形势说，“关中之人百余万口，率其少多，戎狄居半”[②]。

内迁的少数民族与汉族杂居互处，受着封建官吏和汉族地主的剥削和压迫，他们与后两者之间的矛盾十分尖锐。这中间，既有民族矛盾，又有阶级矛盾。从经济上看，晋初征收编民的田租户调皆较重。曹魏时的田租是每亩征收 4 升，户调绢 2 匹、绵 2 斤。[③] 到了晋太始三年（267），“凡民丁课田，夫五十亩，收租四斛，绢三匹，绵三斤”[④]。50 亩收 4 斛，则每亩收租 8 升，比曹魏时的田租多了一倍。户调较前多了二分之一。关于征兵制度，傅玄

---

① 《晋书 · 宣五王 · 扶风王骏传》。

② 《晋书 · 江统传》。

③ 《晋书 · 食货志》。

④ 《初学记 · 宝器部》引《晋故事》。

说："加以服役为兵，不得耕稼，当农者之半。"他的儿子傅咸亦说："并官省事，静事息役。"[①]可知在晋朝初年，无论汉族还是已成为编户的少数民族，在田租、户调、兵役的负担上，都是十分沉重的。

晋朝统治下的各少数民族，除了受到经济剥削和人身奴役外，还要受郡县官吏的侵侮和杀戮。如并州一带，许多匈奴人成为地主的佃户。东嬴公司马腾执卖胡人，两胡共一枷，卖给山东地主为奴。[②]匈奴刘宣说："晋为无道，奴隶御我。"[③]说出了晋朝统治各少数民族的本质。晋朝的官吏亦看出少数民族所受的盘剥，晋武帝于泰始年间（265～274），曾以"戎蛮猾夏"为题，策问贤良。阮种回答说："自魏氏以来，夷虏内附，鲜有桀悍侵渔之患。由是边守遂怠，障塞不设。而今丑虏内居，与百姓杂处，边吏扰习，人又忘战。受方任者，又非其材，或以狙诈，侵侮边夷；或干赏啗利，妄加讨戮。"[④]阮氏的话，是以凉州胡人起事为主的，但也牵涉到秦州和雍州，所以后面说"三州覆败，牧守不反（返）"。据此可知，三国以来，内附的氐、羌等各少数民族，作为魏晋政权的编户，本是"鲜有桀悍侵渔之患"的。可是由于"边吏扰习"，"受方任"的州牧太守，"或以狙诈，侵侮边夷"，"或干赏啗利，妄加讨戮"，迫使他们起来反抗晋朝的统治。

在关中一带，氐、羌等少数民族，同封建统治者和地主的矛盾，更加尖锐。江统说，朝廷对少数民族是"因其衰弊，迁之畿服"，而"士庶玩习，侮其轻弱，使其怨恨之气毒于骨髓"[⑤]。这里需要说明的是：少数民族的"怨恨之气"，是对西晋王朝和汉族地主发的，他们与汉族百姓之间没有不可调和的矛盾。

少数民族大量迁居内地，时间一久，人口繁殖很快，他们与西晋王朝的矛盾逾趋尖锐，有一旦起而反抗则不可收拾的局势。早在曹魏末年司马师当政时，邓艾就建议迁匈奴于雁门，并逐渐迁出与汉人杂居的氐、羌等族。及至晋武帝泰始年间，匈奴刘猛反，侍御史郭钦又提出迁徙少数民族出塞的主张，但均未被采纳。晋泰始六年（270），河西鲜卑秃发树机能掀起了反对晋

① 《晋书·傅玄传》。
② 《晋书·石勒载记》。
③ 《晋书·刘元海载记》。
④ 《晋书·阮种传》。
⑤ 《晋书·江统传》。

朝的斗争，起义军占领凉州，斗争持续近十年。[①]这次起义便有氐人参加，史载“及氐羌反叛，时帝深以为虑”。侍中任恺因进说，请贾充镇关中。晋武帝乃下诏：“秦凉二境，比年屡败，胡虏纵暴，百姓荼毒。遂使异类煽动，害及中州。”遂以贾充为使持节、都督秦凉二州诸军事。[②]秦、凉二州是氐族集中的地区，他们参加了树机能领导的起义，故史称“氐羌反叛”。

泰始七年（271），即秃发树机能起兵的第二年，南匈奴右贤王刘猛也起兵反晋，晋朝派何桢进讨。何利用匈奴内部的矛盾，使刘猛的左都督李恪杀猛而降。至元康四年（294），上党匈奴人郝散又掀起了反晋的斗争。郝散为入居并州的匈奴人，因不满晋朝的统治，起兵“攻上党，杀长吏，入守上郡”，同年被晋冯翊都尉所杀。[③]元康六年（296）夏，郝散弟度元为其兄复仇，联合冯翊、北地二郡间的马兰羌和卢水胡共同起兵，杀北地太守张损，并打败冯翊太守欧阳建。[④]这场起义，直接引起了以氐人齐万年为首的关中各族人民大起义。

二、齐万年起义

元康六年，郝度元复起兵，晋朝急忙派征西大将军、赵王伦为平骑将军，以太子太保、梁王彤为征西大将军、都督雍梁二州诸军事，镇关中。赵王伦等坐镇关中后，无辜诛杀羌酋数十人，史称“伦刑赏失中，氐羌反叛”[⑤]。至同年秋八月，“秦雍氐、羌悉叛，推氐帅齐万年僭号称帝”[⑥]，各族人民的联合起义正式爆发。

齐万年是关中扶风郡的氐民。潘岳在《上关中诗表》中说，“齐万年编户隶属，为日久矣”[⑦]。从齐万年的氐帅身份来看，他原是内迁氐族部落中的

---

① 《晋书·武帝纪》;《晋书·秃发乌孤载记》。

② 《晋书·贾充传》。

③ 《晋书·匈奴传》;《资治通鉴》卷八二，晋元康四年。

④ 《晋书·匈奴传》;《资治通鉴》卷八二，晋元康六年。

⑤ 《晋书·赵王伦传》。

⑥ 《晋书·惠帝纪》。

⑦ 《文选》卷二〇，《关中诗一首》李善注引。

豪帅一类。但入晋之后成为编民，身份有所下降，失去了原有的权力。因此作为同处于编民的地位来看，他能够代表普通氐民的利益。《华阳国志·大同志》记：元康六年，“关中氐及马兰羌反，寇天水、略阳、扶风、始平、武都、阴平”。即指以齐万年为首的起义，得到了六郡内氐、羌的纷纷响应。在此之前，冯翊、北地二郡已经有马兰羌、卢水胡和屠各匈奴起兵，此时齐万年又占领了雍州西部二郡和秦州四郡，起义波及关陇大部。

齐万年起义后，即从陇山一带率军北上，围攻安定郡的泾阳（今甘肃平凉西北）。晋朝急忙派兵西讨。元康七年（297），义军主力七万人移驻梁山（今陕西乾县西北），计划由此东攻长安。晋以梁王司马肜为大都督，督领关中军事，屯军好畤（今乾县东南）。齐万年率众与晋将周处、卢播等战于六陌（今乾县东北），晋军大败，周处被杀。卢播诈报功绩，被逐放北平。潘岳《关中诗》叙述晋军的惨败状况说，“哀此黎元，无罪无辜，肝脑涂地，白骨交衢。夫行妻寡，父出子孤，俾我晋民，化为狄俘”[①]。战场上晋军既败，关中的州郡牧守以及其他地方官吏张皇失措，“奔走失其守者，相望于境”[②]。

六陌一战之后，齐万年和其他联军统帅分兵攻打雍、汧、陈仓等。潘岳《关中诗》说：“雍门不启，陈、汧危逼”，即叙述各城被围的紧急情况。其时，围攻雍城的联军由齐万年直接指挥，围攻汧城则由羌帅巩更指挥。[③]时人记汧城陷重围之时，“群氐如蝟毛而起，四面雨射城中。城中凿穴而处，负户而汲。木石将尽，樵苏乏竭，刍荛罄绝，于是乎发梁栋而用之”[④]。从这一段文字，可看出起义军中的氐人是很多的。氐、羌义军在攻城时，还采用了“冶铁以灌敌”及“潜隧密攻”等战术。[⑤]但在汧城将陷之时，晋朝派遣的援兵已到，始解城围。

晋朝见汧城解围，速派孟观率军往援雍城。孟观与氐、羌联军大战十余次，才攻下美阳县西的中亭。接着，孟观又率兵北上，直趋雍城，遂解雍城之围。氐帅齐万年在中亭之战时被擒，槛送洛阳。时在元康九年（299）正月。

---

① 《文选》卷二〇。
② 《文选》卷五七，潘岳《马汧督诔》。
③ 巩更，羌人酋长。见《文选》卷五七，潘岳《马汧督诔》注。
④ 《文选》卷五七，潘岳《马汧督诔》。
⑤ 《文选》卷五七，潘岳《马汧督诔》及注。

齐万年领导的各族人民大起义，从元康六年八月发动，到九年正月才被镇压下去，历时两年有余。这场起义虽未成功，但它对晋朝的打击很大，显示出关陇各族人民联合斗争的巨大力量。而且，这次起义反映出关陇一带氐、羌人数颇众，力量不小，因而各族起义部众推齐万年为首，攻汧、雍时也以氐、羌为主力。齐万年起义平息之后，江统著《徙戎论》，力主“徙扶风、始平、京兆之氐，出还陇右，著阴平、武都之界”[①]。但由于西晋王朝和官僚地主等，不愿意放弃对包括氐人在内的关中各少数民族的盘剥，江统的建议未被采纳。

三、成汉政权中的氐人

齐万年领导的各族人民大起义方兴未艾之时，关陇一带发生了严重的饥荒和瘟疫，导致大批流民入蜀，后来建立了以賨人为主，汉、氐、羌各族人民参加的成汉政权。而賨人又称“巴氐”[②]，易与氐人混淆。故在论述氐人与成汉的关系之前，需简略地说明所谓巴氐的问题。

创立成汉政权的賨人首领李特，为巴西宕渠（今四川渠县东北）人。賨人原是巴人的一部分，“世号为板楯蛮夷”。秦始皇统一中国后，在巴地设置郡县，对巴人征以赋税，规定每人岁出钱四十。因为“板楯蛮夷”呼赋为賨，所以又被称作賨人。汉初，賨人助汉高祖平定三秦有功，其首领被封在阆中，隶属巴郡（治江州，今重庆市区）。东汉末年，张鲁在汉中传播“五斗米道”，因賨人敬信巫事，于是很多人前往敬奉。当时正值农民大起义，各地军阀混战，形势很乱。大批的賨人自巴西宕渠迁往汉中杨车坂，当地百姓叫他们“杨车巴”。曹操攻克汉中，李特的祖上有一人率五百余户降于魏，被封为将军，迁至略阳以北一带。西晋末，李氏率流民入川，建立成汉政权，其军队主要由賨人和入蜀的氐人组成，故有的史书合称这两

① 《晋书·江统传》。
② 《晋书·李特载记》。

族为“巴氐”。[①]而后世史家不察，以为“巴氐”即指賨人，纯系误会。[②]

巴氐的问题既已明确，以下论述氐人在成汉政权中的活动。

就在齐万年起义的当年（296）冬，“关中饥，大疫”。次年秋，“雍、梁州疫。大旱，陨霜，杀秋稼”。导致关中发生饥荒，一斛米价值万钱。晋惠帝不得不下诏，令：“骨肉相卖者不禁。”[③]元康八年（298），略阳、天水等六郡灾民数万家，因连年兵荒马乱，在李特、李流兄弟，及阎式、赵肃、何巨、李远等酋豪的带领下，流入汉中就食，并准备入蜀。在李特率领的流民中，除了賨人以外，还有大量的氐、羌和汉人。《华阳国志·大同志》说：“略阳、天水六郡民李特及弟庠，阎式、赵肃、何巨、李远等，及氐叟、青叟数万家，以郡土连年军荒，就谷入汉川。”青叟，有人认为即“青羌”[④]；氐叟则为氐人。可见入汉川就食的流民中，确有大量的氐人。

这时，晋朝下诏不准流人入蜀，并派侍御史李苾前往监视。李苾接受流人贿赂，反而上书替流人请求。于是，李特等进入蜀中，分布于川西各地。当时，适逢晋召益州刺史赵廞为大长秋，廞不愿入朝，图谋据有蜀中，因视李特等壮勇，故收为部将。晋永康元年（300），赵廞自称大都督、大将军、益州牧，占据成都反叛。他命“庠与兄（特），弟流、骧，妹婿李含，天水任回、上官晶，扶风李攀，始平费他，氐符成、隗伯、董胜等四千骑在北门”，“断北道”[⑤]。这里，史籍所举随李特入蜀的氐人首领有符成、隗伯、董胜等。“符”为氐族大姓，前文所举三国时投降蜀汉的武都氐王符健即是。“隗”亦为氐人之姓，由来已久，前已论及。“董”，东汉末有董卓，他生于氐羌之中，部下多羌、胡兵[⑥]，时人甚至骂他是“羌胡之种”[⑦]。可见，西北董姓当出自氐羌。当时，流人迁徙多推本土巨姓为首，故知氐酋符成等统领的氐人不在少数。

晋惠帝永宁元年（301），西晋在平定赵廞之变后，派罗尚、辛冉等率领

---

① 《华阳国志·大同志》。

② 张泽洪：《“巴氐”辨疑》，载《民族研究》1990年第5期。

③ 《晋书·惠帝纪》。

④ 刘琳：《华阳国志校注》，巴蜀书社1984年版，第617页注1。

⑤ 《华阳国志·大同志》。

⑥ 《后汉书·董卓传》。

⑦ 《后汉书·列女传》。

万余军队入蜀。他们入川后，强迫流民上道，归还原籍。李特等一面写信给官府，请求放宽期限；一面缮甲厉兵，作战斗准备。但辛冉等非但不许宽期，反而悬赏要取李特等的首级，贴出了“购特、流首百匹”的告示。李特为争取民心，发动流民站到自己一边，便揭下榜文，改为“能送六郡大姓阎、赵、任、杨、李、上官及氐叟梁、窦、符、隗、董、费等首，百匹”。“流民本无还意”，故“大惊骇”，纷纷聚拢在李特的周围。[①]这里，氐酋除符、隗、董三姓外，又出现了梁、窦、费等。前秦时有左禁窦冲、中书梁谠，是知梁、窦当为氐姓。[②]唯费氏在氐族姓氏中不再见，而上文有“始平费他”，列于氐符、隗等之前，不为氐族甚明。

李特更改榜文以后，流民归之如水。待力量强大后，李特便着手组织政权机构。就在晋永宁元年（301）冬十月，李特组建二营，以兄弟子侄在其中任要职，掌握了流民武装的领导权。其次，六郡大姓、氐叟王侯也取得一定的地位，为李氏羽翼，成为流民联合政权的上层。而其中任李特参佐的天水杨褒、杨发等[③]，似即氐人。二营组建后不久，受到晋军袭击，为李特所败。次年，晋军又向流民军发动了一次大规模的进攻，结果晋军大败，伤亡惨重，逃回去的只有十分之一二。在这些战斗中，自然也有氐人参加。

西晋太安二年（303）初，李特进据成都少城，任命蜀郡太守，安抚民众，正式建成汉政权，设立年号，标志着流民起义进入新阶段。但由于原先靠近流民军的村保武装投靠了晋朝，罗尚乘机反扑，李特战死。随后，又发生了流民营中氐酋叛乱的事件。当年三月，李荡、李雄出兵涪县，老营空虚，盘踞繁城的西晋军队乘虚进攻北营。“营中氐、羌因符成、隗伯、石定叛应氾、阊，攻荡、雄。”[④]这是流民起兵以来，内部首次出现的分裂，严重危及了流民政权的存在。后李荡回军，平定了内部的叛乱。符成、隗伯等率众突围，投降罗尚。李荡在追击退军时，被叛军用长矛刺死。

晋惠帝永兴元年（304），李雄在成都称王，建置百官。后二年，他又即皇帝位，建国号大成。此时，晋益州刺史罗尚，已迁屯巴郡（治今重

---

① 《华阳国志·大同志》。

② 《晋书·苻坚载记》。详见本书后文第八章之一。

③ 《华阳国志·大同志》。

④ 《华阳国志·大同志》。引语中的氾、阊，指晋将左氾、黄阊。

庆）。晋怀帝永嘉四年（310），罗尚死，继任益州刺史的皮素又为部下所杀，巴郡一片混乱。成汉军加紧进攻，收复梓潼、巴西等地。次年，荆湘地区爆发流民起义，早先投降罗尚的氐酋符成、隗文，从宜都西上巴东，起兵杀西晋代行三府事的张罗，继而“驱略吏民西降于雄”。史载：“氐苻成、隗文既降复叛，手伤雄母，及其来也，咸释其罪，厚加待纳。由是夷夏安之，威震西土。”[①]氐众的复归，是对西晋王朝的一大打击，也使成汉政权更加强大。

综上所述，十六国初期的成汉政权内，有一批以氐酋符成、隗伯率领的氐族流民队伍。成汉建立前后，他们在反抗腐朽的西晋政权的斗争中，起过重要的作用。至于他们早先叛离成汉，似因晋朝官吏的挑动，以及成汉内部民族关系的复杂性所致。如永宁元年李特建营分封官职时，李氏兄弟子侄及六郡大姓皆有所任，唯不见符成、隗伯等氐酋得封。而符、隗一直为六郡流民领袖中的显要人物，史籍中往往与李氏及六郡大姓并列。赵廞反叛时，曾使其与庠、特等共断北道；李特改辛冉告示中，亦举有符、隗二姓。因此，氐酋符成等一度叛离成汉政权，原因是多方面的，对此不应过分责难。何况，他们最终又脱离了官府的羁绊，重新回到了流民政权之中。

四、汉赵政权统治下的氐人

西晋末年的各族大起义，动摇了晋朝的基础。一些少数民族的上层分子乘机起兵，建立割据政权。公元316年，晋愍帝于长安出降刘曜，西晋灭亡。次年，司马睿在建康（今南京）重建政权，史称东晋。而北方，从公元304年始，就进入十六国时期。

十六国之中，在北方最先建立政权的是汉国。公元304年，匈奴贵族刘渊在左国城（今山西离石北）称“汉王”，四年后称帝。公元309年，徙都平阳（今山西临汾西北）。次年，刘聪即位，于公元316年灭西晋。三年后，

① 《晋书·李雄载记》。

刘渊侄刘曜迁都长安，改国号为赵，史称“前赵”，据有今陕西渭水流域及山西、河南、甘肃的各一部分。公元329年，前赵为后赵所灭。后赵建都襄国（今河北邢台），后迁邺（今河北临漳西南），极盛之时有今河北、山西、河南、山东、陕西和江苏、安徽、甘肃、辽宁的一部分。公元351年，后赵为冉魏所灭。

汉赵政权之下，氐人的迁徙、活动十分频繁。

晋惠帝永兴元年（304），刘渊称汉王，年号元熙，建都于离石（今山西离石）。晋永嘉二年（308），“上郡四部鲜卑陆逐延、氐酋大单于征、东莱王弥及石勒等并相次降之”[①]，刘渊悉署其官爵，后又娶单征之女为皇后。可见汉赵政权创立之始，便有氐人加入其中。汉嘉平元年（311），刘渊侄“刘曜既据长安，安定太守贾疋及诸氐羌皆送质任”[②]，关中诸氐豪也归附于汉赵政权之下。由于归附汉国的各族人数很多，早在刘渊河瑞二年（310），就曾以子刘聪为“大司马、大单于，并录尚书事，置单于台于平阳西”[③]，此单于台是专为管辖各少数民族而置的。刘聪即位后，单于台的建制仍然存在，大单于由皇太弟刘乂担任。至汉嘉平四年（314），刘聪大定百官，完善政治制度，又置“单于左右辅，各主六夷十万落，万落置一都尉”[④]。胡三省注六夷说，“盖胡、羯、鲜卑、氐、羌、巴蛮；或曰乌丸，非巴蛮也”[⑤]。总之，归附汉国的氐人不在少数。氐、羌之众归附刘聪，对残存的西晋是极大的打击，史载：“汉兵覆关中，氐、羌掠陇右，雍、秦之民，死者什八九。”[⑥]反映了氐人在覆灭西晋王朝中的作用。

但是在汉赵政权之下，氐族酋帅只是处于附庸的地位，对此可略举一例说明。汉麟嘉二年（317），汉国内讧，刘粲诬刘乂谋反，于是派王沈、靳准收捕氐、羌酋长十余人，悬首高吊，烧铁灼目，逼自诬与刘乂同谋。刘乂本是氐酋单征之女的儿子，又为大单于，氐、羌等各少数民族首领归他统领，因此刘粲等任意用刑，逼氐、羌酋长自诬，以达到除掉刘乂的目

---

① 《晋书·刘元海载记》。“氐酋大单于征”，《资治通鉴》卷八六作“氐酋单征”。
② 《晋书·刘聪载记》。
③ 《晋书·刘元海载记》。
④ 《晋书·刘聪载记》。
⑤ 《资治通鉴》卷八九，晋建兴二年。
⑥ 《资治通鉴》卷九〇，晋建武元年。

的。后，刘粲杀刘乂，坑其士众一万多人，平阳街巷为之一空，“氐、羌叛者十余万落”[①]。

晋元帝大兴二年（319），刘曜迁都长安，改国号为“赵”。同年，匈奴屠各路多松等起兵于新平、扶风，后归附晋王司马保。保使其将杨曼、王连等据陈仓、阴密（今甘肃泾川南），“秦、陇氐羌多归之”，结果皆为刘曜所败。晋王保迁于桑城（今甘肃临洮南），归附他的氐、羌之众亦跟随到了桑城。是岁，略阳氐酋蒲洪降赵，被刘曜封为“率义侯”。次年（320），发生了巴、氐、羌联合反叛刘曜的事件。当时，赵长水校尉尹东谋反，密结巴人酋帅徐库彭。刘曜杀尹东，并将库彭等五十余人囚于阿房，以后又全部杀害。“于是巴氐尽叛，推巴归善王句渠知为主，四山羌、氐、巴、羯应之者三十余万，关中大乱，城门昼闭。”刘曜派车骑大将军游子远前往征讨，子远率军次于雍城，降者十余万。又“进军安定，氐羌悉下”，唯句氐宗党五千余家不降，被讨平。[②]从这个事件可以看出，关中的氐、羌，当时主要分布在北部的安定郡一带。其人数，据“羌、氐、巴、羯应之者三十余万”，巴人略有五千余户、两万余口来看，除去羯人，氐、羌的人数当在二十万口左右。

由于关中北部及陇山东西分布的氐、羌很多，又时而反叛，对前赵都城长安形成了重大的威胁。因此，刘曜在句渠知事件前后，采取了一系列徙民政策。先是，“上郡氐羌十余万落保崄不降，酋大虚除权渠自号秦王”。游子远率军进攻，权渠及其子伊余等率众拒战，每战均败，于是投降。子远“分徙伊余兄弟及其部落二十余万口于长安”。赵光初五年（322），刘曜亲自西征氐、羌。仇池杨难敌据险抵抗，被曜前锋击败；难敌退守仇池。而“仇池诸氐羌多降于曜”。刘曜又征讨杨韬于南安，韬降，“迁韬等及陇右万余户于长安”。次年，刘曜又亲征据陇城反叛的陈安。在此之前，“西州氐羌悉从安”，其中有氐羌酋长杨伯支、姜冲儿等。刘曜败陈安后，“徙秦州大姓杨、姜诸族二千余户于长安。氐羌悉下，并送质任”。光初十一年（328），刘曜又派兵攻打仇池，“弗克，掠三千余户而归”。[③]

---

① 《晋书·刘聪载记》。
② 《晋书·刘曜载记》。
③ 《晋书·刘曜载记》。

上述光初年间的前后数次移民，从上郡、仇池、南安、陇城各地，把大量的氐、羌人口迁到了关中的长安一带。其中，从仇池迁来的，基本上都是氐、羌，是可以肯定的。而秦州的南安、陇城等地，在三国时分布有很多氐、羌部落。秦州大姓杨氏、姜氏都是氐羌的姓氏，所以被迁于长安的亦当以氐、羌之人为主。可以粗略地统计，当时迁到长安附近的氐、羌，约有二十五万口之多。这些被迁至长安的氐、羌之民，多被编入了前赵的军队中，所以时人说：刘曜兵虽多，“精卒寡少，多是氐羌乌合之众”①。同时，刘曜亦仿照汉置单于台，以加强对关陇各族的统治。他于渭城置单于台，“拜大单于，置左右贤王已下，皆以胡、羯、鲜卑、氐、羌豪杰为之”②。

晋大兴二年（319），上党武乡羯人石勒于襄国司州（今河北邢台）自称赵王，建立政权，史称后赵。早在汉主刘聪死之年（316），靳准占据平阳，石勒率众攻靳准于平阳小城，平阳大尹周置等率杂户六千降于石勒。又有“巴帅及诸羌羯降者十余万落，徙之司州诸县”③。文中虽然没有提到氐人，但前面说过，平阳原是刘聪单于台的所在地。那么，有十余万落的“巴帅及诸羌羯”，应当正是单于台统治下的六夷十万落。其中，自然包括氐人。这十余万落少数民族，以后成为石勒建立单于台的重要基础。④至晋太宁三年（325）六月，石勒与刘曜战于洛阳，曜败归长安，勒侄石虎执刘岳等八十余人，并“氐羌三千余人，送于襄国”⑤。这些被送往襄国的氐、羌之人，被编入了后赵单于台下所统的六夷部落之内。

后赵太和二年（329）九月，石勒灭前赵，遣石虎进据关陇。当时，“秦陇悉平，氐王蒲洪、羌酋姚弋仲俱降于虎”，石虎表洪监六夷军事，弋仲为六夷左都督，“徙氐、羌十五万落于司、冀州”⑥。若以每落（户）五人计算，此次石虎所徙的氐、羌，约有五十余万口。后赵建平元年（330），秦州匈奴人王羌叛石勒，并打败前去镇压的后赵军队。于是，“陇右大扰，氐羌悉叛”。石

---

① 《晋书·张轨传》附《张茂传》。
② 《晋书·刘曜载记》。
③ 《晋书·石勒载记》。
④ 马长寿：《氐与羌》，第39页。
⑤ 《晋书·刘曜载记》；《资治通鉴》卷九三，晋太宁三年。
⑥ 《资治通鉴》卷九四，晋咸和四年。

勒遣石生前往征讨，王羌败奔凉州，石勒“徙秦州夷豪五千余户于雍州”[①]。这是灭前赵后，后赵第二次大规模迁徙氐、羌。

后赵延熙元年（333），石勒病死，石虎专权，遭到石生等人的反对。石虎进攻长安，后赵内乱。十月，氐帅蒲洪自称雍州刺史，西附张骏。石生被杀，蒲洪又率两万户降于石虎，被封为光烈将军、护氐校尉。蒲洪至长安，劝说虎徙关中豪杰及氐、羌以实东方。石虎从之，“徙秦、雍民及氐、羌十余万户于关东”[②]。次年十月，石虎派兵征讨石生部将郭权，权死，又徙秦州三万余户于青、并二州，其中亦有氐、羌之人。[③]

后赵建武十三年（347），石虎派麻秋等西征前凉张氏。先是，“河湟间氐羌十余万落与张璩相首尾”。麻秋惧怕而不敢进军。之后，麻秋打败前凉将张瑁，凉枹罕护军李逵率众来降。于是，“自河以南，氐羌皆降”[④]。同年，石虎还派王擢攻克武街（即下辨），徙七千余户于雍州。以上是后赵时，与氐、羌有关的五次较大的迁徙。

后赵也置单于台，以统治各少数民族。最初，后赵的单于台设于襄国，石勒自己兼任大单于，以石虎为元辅。后来，才以石宏为大单于。后赵单于台统治下的六夷，是在前赵平阳、渭城两个单于台的基础上发展起来的。以后，石勒、石虎攻占雍州、秦州，又大量迁徙二州的氐、羌等少数民族于关东，不断地扩大单于台统治下六夷的人数。从以上的记载来看，秦、雍二州被徙往关东的，又以氐、羌民为最多。后赵之所以采取大规模徙民的政策，与其削弱关陇豪族势力、加强对中原的统治的政策有关。石虎攻克上邽后，姚弋仲曾对他说：明公握兵十万，功高一时，正是行权立策之日。秦陇地方豪族颇多，强悍而不易治服，“宜徙陇上豪强，虚其心腹，以实畿甸”[⑤]。弋仲的话，正合石虎的心意，加之蒲洪有同样的主张，于是有延熙元年徙民十余万户之举。

---

① 《晋书·石勒载记》。

② 《资治通鉴》卷九五，晋咸和八年。

③ 《晋书·石勒载记》。

④ 《晋书·石季龙载记》。

⑤ 《晋书·姚弋仲载记》。

后赵统治末年，内部发生了“冉闵之变”①。于是，“青、雍、幽、荆州徙户及诸氐、羌、胡、蛮数百余万，各还本土”②。原来从秦、雍二州徙往关东的氐人，先后由苻洪、苻健率领，回到关中，建立了前秦政权。

① 冉闵，又名石闵，石虎养子。晋永和六年（350），他起兵杀石虎子孙数十人，夺取后赵政权，建立魏国，史称冉魏，后灭于前燕。

② 《晋书·石季龙载记》。

第四章 前秦与后凉

一、前秦的建国与疆域

前秦是以氐族为主建立的国家。自西晋末年起，北方一直战乱不休。其中，有农民起义，有统治阶级内部的斗争，也有民族斗争，错综复杂，激烈异常。“永嘉之乱”[①]后，西晋王朝崩溃，相继出现的匈奴汉赵、鲜卑前燕等政权，你征我伐，烽火连年。在这种长期分裂、战乱的形势下，统一北方，恢复和发展生产，平息民族纷争，成为当时迫切需要解决的问题。这个历史的任务，落到了建立前秦的苻氏身上。

苻氏，史称略阳临渭（今甘肃天水东北）氐人。[②]但也有人说，其祖先始居武都[③]，后来才徙居略阳的。至于说“其先盖有扈之苗裔，世为西戎酋长”[④]，这句话的前半部分已无法考证，而后半部分是有根据的，前文已作论述。蒲洪的父亲名叫怀归，为部落小帅。至蒲洪时，因“永嘉之乱”，他召集人马，被推为盟主。刘曜攻占长安，蒲洪归附，被拜为宁西将军、率义侯。后迁徙到高陆（今陕西高陵西），被封为氐王。前赵灭亡后，蒲洪西保陇山。以后又降于石虎，被封为冠军将军、监六夷诸军事，委以西方之事。后赵一度内乱，平息后，蒲洪率二万户下陇，徙至冯翊，被石虎拜为护氐校尉。因说石虎徙关中豪杰及羌戎内实京师，他又迁为龙骧将军、流民都督，处于枋头（今河南新乡东北）。石虎死，后赵内乱，“秦雍徙民西归，凭洪为主，众至

① 晋怀帝永嘉五年（311），汉国主刘聪遣石勒歼灭晋军十余万人于苦县宁平城（在今河南鹿邑西南），俘杀太尉王衍等。同年派刘曜率兵破洛阳，俘怀帝，纵兵烧掠，杀王公士民三万余人。史称为“永嘉之乱”。

② 《晋书·苻洪载记》。

③ 《艺文类聚》引《秦记》：“苻洪之先，居武都。”

④ 《晋书·苻洪载记》。

十余万”[①]。东晋永和六年（350）一月，蒲洪改姓苻，自称大将军、三秦王。时羌酋姚弋仲也图据有关中，他怕苻洪先得手，派其子姚襄率五万人攻洪，为洪所败。三月，苻洪被石赵降将所酖杀，第三子苻健继立。

苻健继位时，京兆人杜洪占据长安，“戎夏多归之”，苻健密图西归，所以在枋头修缮宫室，“课所部种麦”，表示无西归之意。同年八月，自称晋征西大将军，率众攻入潼关，进据赤水（今陕西渭南）、阴槃（今陕西临潼东）及渭北等地。十月，杜洪败走。十一月，苻健进入长安。东晋永和七年（351）一月，健称天王、大单于，建元皇始。设置百官，立妻强氏为天王皇后，子苌为天王皇太子，弟雄为丞相，其余各有封授。次年，健称皇帝，进诸公为王，封其子苌为大单于。[②]

苻健立国后，遣将士经略关东，与晋军战于颍水之上。又攻王擢于陇上，占据了陇东。经济上，苻健于丰阳（今陕西山阳）立荆州，“以引南金奇货、弓竿漆蜡，通关市，来远商，于是国用充足，而异贿盈积矣”。经过苻洪、苻健父子的经营，前秦政权日趋巩固。东晋永和十年（354）四月，东晋桓温率众北伐，攻关中。苻健以弱兵六千固守长安小城，而以精锐三万为游军以拒桓温。又“收麦清野”，不遗粮草于晋军，结果，桓温大败而还。[③]

打败桓温后，苻健置来宾馆于长安平朔门，以招来四方之人。又起灵台于杜门，与百姓约法三章。他还薄赋税，简宫室，优礼耆老，修尚儒学。有一年，关中蝗虫大起，自华泽至于陇山，草木被食无遗，野兽食人，行路断绝。苻健下令免除百姓租税，自己则减食素服。永和十一年（355）六月，苻健病重。先因长子苻苌与桓温作战，中流矢而卒，继立苻生为太子。苻菁闻健病，带兵入宫中欲杀苻生，争夺帝位。苻健闻变，带病率兵出，杀苻菁。数日后健死，苻生即位。[④]

苻生即位后，改元寿光，以母强氏为皇太后，妻梁氏为皇后，以吕婆楼为侍中、左大将军，并封授族人分镇要地。但苻生荒耽淫虐、杀戮任情。他

① 《魏书·苻健传》。

② 《晋书·苻健载记》；《资治通鉴》卷九八、九九。

③ 《晋书·苻健载记》。

④ 《晋书·苻生载记》，苻生即位在“永和十二年”。但《晋书·穆帝纪》、《太平御览》引《前秦录》、《资治通鉴》均说在永和十一年。前者“十二年”，疑“二”为“一”字之误。

常弯弓露刃以见朝宦，锤钳锯凿不离左右。一次，苻生听信中书令王鱼“国有大丧，大臣戮死”之言，竟杀妻梁氏及太傅毛贵，车骑、尚书令梁楞，左仆射梁安，侍中、丞相雷弱儿等。[1]雷弱儿为南安羌酋，刚直好言，因见嬖臣乱政，每每大声斥责于朝廷，所以遭到枉杀。又一次，苻生命尚书令辛牢席间劝酒，竟因有人不饮而射杀辛牢！当时，前秦政权并非稳固，前燕慕容氏欲从北面进攻关中，羌酋姚襄从东面觊觎长安，而东晋屡屡兴师北伐。在这种情况下，前秦需要一位贤主在位主持朝政。东晋升平元年（357）六月，苻坚、苻法等发动政变，率兵入宫杀死苻生。苻坚继立皇位。[2]

苻坚字永固，一名文玉，系苻洪少子苻雄之子。苻洪随石虎迁家于邺时，坚母苟氏曾祈祷于西门豹祠，后生苻坚。苻健入关后，苻坚被封为龙骧将军。坚博学多才，又结交王猛、吕婆楼等有才干的人，试图在政治上有所作为。苻生被杀后，苻坚称大秦天王，改年号永兴，追尊其父为文桓皇帝，大封百官。

苻坚夺得帝位后，重用王猛等人，逐步统一了北方。前秦建元六年（370），坚派王猛、邓羌等攻伐前燕，取邺城（今河南安阳北），俘慕容暐至长安。又追捕其大将慕容评于辽东，至此前燕灭亡。当时，苻坚亲入邺宫，翻阅前燕名籍，共有157郡、1579县，9987935人，以及诸州郡牧守及六夷渠帅，全部降于前秦。灭前燕后，苻坚以王猛为使持节都督关东六州诸军事，镇守邺城。并迁徙关东豪杰及各少数民族十万户于关中，充实关中的人力财力。接着，苻坚派兵攻取仇池；继又命杨安攻蜀，于建元九年（373）陷益州，“西南夷邛莋、夜郎等皆归之”[3]。坚以杨安为右大将军、益州牧，镇守成都。建元十二年（376），前秦攻灭前凉，张天锡投降，迁凉州豪族七千余户到关中。同年，苻坚又派大将苻洛率幽州兵十万，进攻代王拓跋鲜卑什翼犍。俘获什翼犍，散其部落，灭代。与此同时，前秦又攻占东晋的襄阳，进攻三阿，距广陵仅百里，东晋都城建康（今江苏南京）大震。苻坚分派将领镇守彭城、胡陆、下邳等要镇。当时的人称前秦的疆域，“东极沧海，西并

① 《晋书·苻生载记》。
② 《晋书·苻生载记》；《资治通鉴》卷一〇〇，晋升平元年。
③ 《晋书·苻坚载记》。

龟兹，南包襄阳，北尽沙漠”[①]。从现在的地域来看，从淮河到秦岭以北的整个中国北方，以及今西南的一部分，都被纳入了前秦的版图。

二、前秦的政治、经济、文化措施

前秦建国后，苻坚在王猛等人的辅佐下，在政治、经济、文化上采取了一些有益国民的措施。

王猛字景略，北海人，家于魏郡。猛少年时贫贱，以卖畚为业。但他虽贫而好学，喜读兵书，抱有大志。桓温入关时，王猛曾前往拜见。桓温欲召他南归晋朝，猛不行。苻坚听说王猛的为人后，派吕婆楼前去相邀，一谈便若平生。从此苻坚重用王猛，言听计从，命他与吕婆楼等共掌机要。[②]

苻坚称帝之初，就着手健全吏制，恢复礼制，劝课农桑，赡养鳏寡孤独。他还广兴学校，选拔各方面的人才。其前后的施政，可以归纳为以下几点：

（一）与民休息，劝课农桑。苻坚称帝的次年，因征讨张平之乱，令所过之处，减百姓一半的田租。当年，又因秋天大旱，“减膳彻悬，金玉绮绣皆散之戎士，后宫悉去罗纨，衣不曳地。开山泽之利，公私共之，偃甲息兵，与境内休息”[③]。又令非命士以上的人，不得于都城百里之内乘骑车马；商人、工匠及其妇女，不得衣金银锦绣，犯者处死。在禁奢侈、与民休息的同时，开放山泽之利，劝课农桑。苻坚曾“亲耕籍田”，其妻苟氏“亲蚕于近郊”，这虽是仿效历代统治者劝农的表面文章，却也收到一些效果，史载，当时关中是“田畴修辟，帑藏充盈”，这是与苻坚的劝农政策分不开的。苻坚又以关中水旱不测，议依郑白修渠之事，征发王侯以下及豪望富室僮隶三万人，“开泾水上源，凿山起堤，通渠引渎，以溉冈卤之田。及春而成，百姓赖其利”。于此可见，苻坚在恢复和发展关中经济上，有不少作为。

（二）抑制豪强，重用汉族大姓及文人。苻坚重用王猛等人，引起氐族

---

① 《高僧传·释道安》。

② 《晋书·苻坚载记》附《王猛传》。

③ 《晋书·苻坚载记》。本节未标注出处之引文，俱见《苻坚载记》。

豪强的不满。特进樊世，自恃有功于苻氏，负气倨傲，曾当众侮辱王猛，被苻坚处死。特进强德，为苻健妻弟，“昏酒豪横，为百姓之患。（王）猛捕而杀之，陈尸于市”。又诛杀贵戚豪强二十余人，于是“百僚震肃，豪右屏气，路不拾遗，风化大行”。苻坚抑制豪强的目的，在于重用汉族人士，实行汉魏以来的中原制度。除王猛外，苻坚还把关东的许多高门望族擢为卿相。其中有，曾劝慕容皝行魏晋田租制的封裕，晋东夷校尉李臻之孙、燕国三公之一的李洪，以及历任慕容廆、皝、儁、晴四朝，官至并州刺史、光禄大夫的皇甫真。这些人于魏晋文物制度，皆称渊博。灭西凉张氏后，苻坚又从凉州选拔了一批士望在京中和外郡供职，如尚书郎张列、金城太守赵凝、别驾索泮、主簿宋皓等，这些人士皆为西土大姓。苻坚接收了关东与河西的大姓士族后，规定“复魏晋士籍，使役有常”，即规定大姓士族有免役特权。

（三）革除民族压迫弊政，采取“和戎”之术。苻坚即位之初，匈奴左贤王刘卫辰遣使降于坚，并请田内地，苻坚许之。云中护军贾雍却遣兵击卫辰，并纵兵掠夺。苻坚得知后大怒，说：“朕方修魏绛和戎之术，不可以小利忘大信。”遂罢免贾雍官职，以白衣领事。将贾雍所获资产，悉归卫辰；又遣使修和，示以信义，卫辰于是入居塞内。又，代王什翼犍降坚后，苻坚“以翼犍荒俗，未参仁义，令入太学习礼”。并散其部落于边地，“立尉、监行事，官僚领押，课之治业营生，三五取丁，优复三年无税租”。这些政策，对拓跋鲜卑后来的发展有利。此外，苻坚灭前燕时，“赦慕容晴及其王公以下，皆徙于长安，封授有差”。后又用慕容晴为尚书，慕容垂为京兆尹，慕容冲为平阳太守。苻坚是以统一北方乃至全国为己任的，在这个前提下，他已或深或浅地认识到民族问题的重要性。所以，他改杀降的错误做法为“和戎”，以制止民族间的纷争为解决问题的出发点。苻坚说过：“今四海事旷，兆庶未宁，黎元应抚，夷狄应和，方将混六合以一家，同有形于赤子。”这种认识，在十六国时的其他统治者身上，是看不到的。

（四）因袭汉制，广兴学校。苻坚即位数年后，史称前秦“典章法物靡不悉备”。所谓“典章法物”，是指前秦的官制、田赋、明堂、郊祀、籍田等。当时苻坚重用王猛等，这些制度是由王猛一班人提倡的。因此，这些制度当是承袭汉魏的，苻坚并没有加以改变。正是由于苻坚重视中原汉族王朝的文物制度，所以他注重学校的建置。史书说苻坚广修学宫，召郡国通一经以上的学生，入校受业。公卿以下的子孙，都遣送入学。苻坚还亲临太学考士，依其经义优劣，而定品第。即使禁卫军士，苻坚亦“皆令修学”，并“课后宫，置典学，立内司，以授于掖庭，选阉人及女隶有聪识者署博士以授经”。宫中置博士授经，足见苻坚十分重视文物典章。

综合上述，前秦的政治、经济、文化措施有几个特点。首先，上述各项措施的主要内容，是王猛等提出并实施的，它不是什么新的东西，而是汉族封建统治制度中，一些比较开明的内容。只不过自魏晋以来，由于战乱，这些措施已很少存在，现在经王猛一班汉族人士重新提出来，以图恢复。由于这些措施，有利于中央集权统治，有利于北方的统一，故苻坚一一采纳了。其次，实施上述措施，有利于前秦政权的巩固，也有利于汉族士大夫和文人。实施这些措施的过程中，汉族大姓士族多多少少掌握到一些权力，尤其是在地方职官和朝廷文职官员方面，更是如此。这些措施的实行，还给汉族和其他各族人民带来一定的好处。再次，苻坚的“和戎”政策，虽是从巩固自身政权出发的，但它毕竟对减少民族纷争，推动各族相安互处，共同生活，起到一些积极作用。正由于上述政策的实施，使前秦境内一度出现了太平盛世的景观，“关陇清晏，百姓丰乐，自长安至于诸州，皆夹路树槐柳，二十里一亭，四十里一驿，旅行者取给于途，工商贸贩于道”。百姓有一首歌唱道：“长安大街，夹树杨槐。下走朱轮，上有鸾栖。英彦云集，诲我萌黎。”这与西晋灭亡时，“长安城中户不盈百，墙宇颓毁，蒿棘成林”[①]的情况相比，是大不相同了。可见前秦鼎盛时，关陇经济在恢复的基础上，已有所发展。

苻坚不仅在前秦境内取得了较好的治绩，而且与边境各族和邻国也加强了联系，提高了前秦威信。他曾派梁熙出使西域，以彩缯分赐西域各地首领。到建元十七年（381），居于今新疆的鄯善、车师前部诸王来朝；又有大宛献汗血马，天竺贡火浣布，并“康居、于阗及海东诸国，凡六十有二王，皆遣使贡其方物”。后，苻坚又派吕光出定西域，平定三十六国。当时的前秦，已俨然东方大国的规模了。

① 《晋书·愍帝传》。

三、氐族的再迁徙及前秦灭亡

前秦时，关中的氐人已经很多。苻坚于建元七年（371）进攻仇池，氐王杨纂战败，被虏送长安。苻坚令“徙其民于关中，空百顷之地”[①]。此次由仇池徙往关中的氐人当不少。杨纂四世祖茂搜，于晋元康六年（296），率部落四千余户由略阳还居仇池。以后关中许多士民亦流居其地。外来的氐户、汉民，加上仇池附近原有的氐人，至少当在万户以上。经过四代约百年的繁衍，至苻坚移民关中时，氐、汉合计至少有数万家。“空百顷之地”其说虽有夸张之嫌，但估计被徙入关内的有一万余户是可能的。这是前秦时氐族的第一次大迁徙。

前秦时氐族的第二次大迁徙，是在建元十六年（380）。当时，苻坚已灭前燕，取仇池、益州；又灭前凉及代，统一了北方及西南，隔江、淮与东晋对峙。不料苻坚族兄苻洛率七万众发和龙（今辽宁朝阳），将进攻长安，后被讨平。这次事件平息后，苻坚“以关东地广人殷，思所以镇静之”，遂与群臣议于东堂。苻坚说：“凡我族类，支胤弥繁，今欲分三原、九嵕、武都、汧、雍十五万户于诸方要镇，不忘旧德，为磐石之宗，于诸君之意如何？”结果，群臣附议。《通鉴》晋孝武帝太元五年（380）七至八月条，记此次分徙关中氐户于诸方要镇最详，现录于下：

> 坚以诸氐种类繁滋，秋，七月，分三原、九嵕、武都、汧、雍氐十五万户，使诸宗亲各领之，散居方镇，如古诸侯。长乐公丕领氐三千户，以仇池氐酋射声校尉杨膺为征东左司马，九嵕氐酋长水校尉齐午为右司马，各领一千五百户，为长乐世卿。……八月，分幽州置平州，以石越为平州刺史，镇龙城。中书令梁谠为幽州刺史，镇蓟城。抚军将军毛兴为都督河、秦二州诸军事、河州刺史，镇枹罕。长水校尉王腾为并州刺史，镇晋阳。河、并二州，各配氐户三千。……平原公晖，为都督

① 《宋书·氐胡传》。

豫、洛、荆、南兖、东豫、阳六州诸军事、镇东大将军、豫州牧，镇洛阳。移洛州刺史治丰阳。巨鹿公叡为雍州刺史。各配氐户三千二百。

《通鉴》上引文“为长乐世卿”后，缺苻丕治所，当依《晋书·苻坚载记》补“以配苻丕镇邺”。又，“巨鹿公叡为雍州刺史”，下缺雍州的治所，当依《载记》补“镇蒲坂”。此外，《晋书·苻坚载记》尚有：“大鸿胪韩胤领护赤沙中郎将，移乌丸府于代郡之平城。”

以上关中氐人的原居之地，三原在今陕西淳化东北；九嵕，在淳化西南。汧即汧城，今陕西陇县北；雍为雍县北，今宝鸡东北。武都，《苻坚载记》与《通鉴》皆夹叙于三原、九嵕和汧、雍之间，很清楚它不是秦州的武都郡。三国魏武帝时，曾于关中侨置武都郡，地点在今陕西武功东北，治所小槐里。后又徙至美阳城，地在今武功西北。据此，苻坚时的武都，当是关中始平郡的一县名或一护军名，治所不在小槐里，就是在美阳城。①在这里可以看出，关中的氐人，除去西晋时所居的扶风、京兆、始平三郡外，前秦时又发展到了北地郡的三原护军、咸阳的九嵕县。这些地方已经成为氐族的聚居地区，所以苻坚要说“凡我族类，支胤弥繁”。三原、九嵕、武都、汧、雍的氐人，如苻坚所说，拟分往“诸方要镇”的有15万户，那么原有的户数至少当在20万户以上。20万户以上的氐族，每户以5人计，人口当在百万以上。

此次关中氐人向关东及陇西迁徙，数量和幅度都很大。氐人徙往关外之地，邺在今安阳东北；龙城，在辽宁朝阳；蓟城，在今北京西南；枹罕，在今甘肃临夏；晋阳，在太原市西南；洛阳，今河南洛阳；蒲坂，今风陵渡北。以此可见，此次氐族迁徙的范围是很广的。但氐族迁徙的数量，诸史均载苻坚欲以关中氐15万户散居方镇；而具体记载中，《苻坚载记》只有“分四帅子弟三千户，以配苻丕镇邺”，河、并“二州各配支户三千”的记录。《通鉴》则在平原公晖、巨鹿公叡之后云“各配氐户三千二百”。合计共15400户。这个数字只是原计划的1/10略强。因此，估计这一类迁徙不止一次，只是记载不详，已难于考实。②

---

① 马长寿：《氐与羌》，第43页。

② 马长寿：《氐与羌》，第43页。

前秦建立后，氐族与汉、羌、鲜卑等各族共居关中，以及氐族的进一步迁徙，有利于氐人接受较为先进的汉文化，有利于氐、汉民族的融合。前面说过，苻坚所采取的一系列政策，实际上是汉魏以来的中原制度，只不过有所增损而已。氐人对汉文化的接受，苻坚本人就是一个例子。他“八岁，请师就家学”，及长，“性至孝，博学多才艺，有经济大志”，从小受到汉文化的熏陶。前秦建立后，苻坚不仅广兴学校，还亲“临太学，考学生经义，上第擢叙者八十三人”，可见苻坚本人的儒学水平是不低的。

氐人的汉化程度，从“淝水之战”后投奔东晋的苻朗也可以看出。他“在任甚有称绩”，“既至扬州，风流迈于一时，超然自得，志陵万物，所与悟言，不过一二人而已”。其所作诗中，有“旷此百年期，远同嵇叔子（嵇康）”之句。又著“《苻子》数十篇行于世，亦老庄之流也”[①]。

此外，前秦时期的氐族中，还有一些佼佼者。苻坚幼弟苻融，聪辩明慧，下笔成章，耳闻则诵，过目不忘，时人比之王粲。“至于谈玄论道，虽道安无以出之”，“尝著《浮图赋》，壮丽清赡，世咸珍之”[②]。中书令梁谠，博学有才，与弟梁熙俱以文藻清丽见重一时，时人称赞道：“关东堂堂，二申两房。未若二梁，瑰文绮章。”[③]且梁熙曾为前秦史官，颇有著述。[④]

尽管苻坚从“思所以镇静之”的目的出发，分宗亲各领族类，散居方镇；而且他采取的政治、经济和文化措施大都皆中原旧制，但仍未能统一中国。公元383年的“淝水之战”后，前秦的统治很快就分崩离析，统一不久的北方又陷入了分裂的局面。

前秦的灭国，主要是因为其内部和外部的矛盾。对外，主要是与东晋的矛盾。而内部的矛盾则比较复杂。被战败的前燕贵族慕容暐、慕容垂等，随时都在寻找机会复国。降臣丁零酋帅翟斌、南安羌酋姚苌、陇西鲜卑酋帅乞伏国仁等，亦试图摆脱前秦苻氏的统治，建立以本民族为主的割据政权。而三秦大姓，如冯翊游钦、天水尹纬、南安庞演等，他们代表汉族的地方豪族势力，始终对以氐族为主的前秦政权怀有戒心。但前秦内部的主要矛盾，应

① 《晋书·苻坚载记》附《苻朗传》。
② 《晋书·苻坚载记》附《苻融传》。
③ 《太平御览》引《十六国春秋·前秦录》。
④ 刘知几：《史通·古今正史》。

是统治阶级与汉族及其他各族人民之间的矛盾。这种矛盾由来已久。从十六国初期的汉赵政权以来，中原汉族和各少数民族就开始反抗各族统治者。如后赵时，有安定侯子光、始平马勗的起义；前燕有常山李犊、河间李黑等农民起义。前秦建立之时，苻健初入长安，见“民心思晋”，不敢称帝，等到遣使至建康告捷后，才有“秦、雍夷夏皆附之”的局面。[①]晋永和十年（354），桓温北伐至蓝田，关中百姓争持牛酒前往慰问，他们说：“不图今日复睹官军！”[②]这些事实表明，前秦统治初期，还不受中原各族人民中的大多数欢迎。

苻坚即位后，为了笼络民心，加强统治，实行了一系列措施，如禁奢侈、与民休息，惩罚和诛杀豪强、抑制权贵，广兴学校、招揽人才，行“和戎之术”等。这在一定程度上恢复和发展了北方的经济、文化，缓和了统治阶级与被统治的人民群众之间的矛盾。但这一矛盾并未从此消失，反而以更加复杂、隐蔽的形式存在。如建元十五年（379），蜀人李焉聚众二万，攻逼益州。[③]次年，苻洛反于和龙，将图关中。“于是关中骚动，盗贼并起”[④]。

“淝水之战”前后，各种矛盾普遍暴露出来。各州郡百姓不愿参战，举国上下都反对南下征晋。虽然出师总人数号称百万，前后千里，水陆并进；但大部分士兵都是被强征来的，并无斗志，这就决定了前秦的必然失败。另一方面，前秦各路军队的王侯统帅各怀异志，或保存实力，或准备降晋。如东晋降将朱序，身为前秦尚书，战前竟向东晋通报军情。慕容垂附和苻坚南下之意，实欲乘机东山再起。羌酋姚苌也赞成南征，意在乱中夺权。因此，“淝水之战”中，东晋军队大败前秦军。前秦从此一蹶不振，很快就灭亡了。

淝水一败，丁零酋长翟斌首先起兵于新安（今河南渑池东）。苻坚遣保存实力最多的慕容垂前往征讨。结果，垂南结丁零，合攻邺城苻丕。后来，慕容垂杀翟斌，都中山（今河北定县），建后燕。翟斌弟辽都滑台（今河南滑县东南），建翟魏。关中鲜卑众多，苻坚败后，慕容暐之弟泓自立为王。其弟冲，攻下长安，称帝。后由关中徙上党郡之长子（今山西长治南），建立

① 《资治通鉴》卷九八，晋永和六年。

② 《资治通鉴》卷九九，晋永和十年。

③ 《晋书·吕光载记》。

④ 《晋书·苻坚载记》。

西燕。羌酋姚苌，乘苻坚败时，奔渭北，依据关中豪族游钦、西州大姓尹详的势力，起兵于马牧（今陕西兴平东），迫杀苻坚，建立后秦。鲜卑乞伏国仁则逃回陇西，建立西秦。

东晋太元十年（385）八月，苻坚被姚苌勒杀于五将山（今陕西岐山县境），其子苻丕即帝位于晋阳，建年号太安。次年十月，苻丕在襄陵（今山西襄汾县境）与慕容永激战，丕军大败。苻丕率千骑南奔，被晋将冯该所袭杀。十一月，前秦余众推举苻登即皇帝位，改元曰太初。太元十九年（394）四月，苻登为后秦军战败，率余众奔平凉。遂请援于西秦，乞伏乾归遣骑二万相救，亦为后秦姚兴战败。七月，登被杀。登太子苻崇奔湟中（今青海西宁），僭称帝号，改元延初。不久即为乞伏氏所逐，奔仇池杨定。攻西秦，败死。至此，前秦国亡，自苻洪至苻崇，共历 7 主，凡 45 年。

前秦苻氏世系表

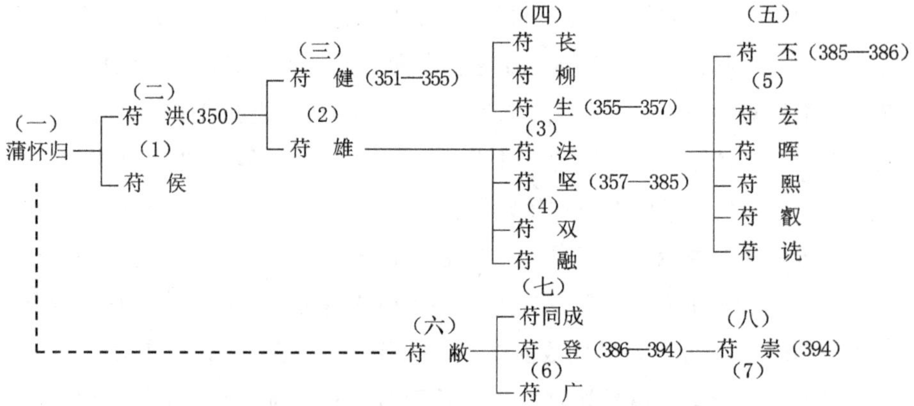

说明：表内横线表示父子世系，竖线为兄弟并列，虚线为关系不明者。人名上括号表示世代先后，下括号内为继位顺序，后括号为在位时间。

四、氐族建立的后凉

前秦灭亡后，在今甘肃河西走廊，又继起了一个以氐人为主的后凉政权。

后凉是由氐人吕光建立的。吕光字世明，略阳氐族人。其父吕婆楼，是前秦政权中的重要成员。苻坚发动政变时，婆楼率兵攻杀苻生，有大功于坚。苻坚即位后，婆楼官至司隶校尉、太尉。吕光生于枋头。他身为氐人贵族子弟，“不乐读书，唯好鹰马”[①]。长大后，受到王猛的赏识，举为贤良，授官美阳县令，在官时，“民夷惮爱，邻境肃清”[②]。后迁为鹰扬将军，随苻坚出讨据并州反叛的张平，以勇猛为坚赏识。以后，吕光还参加了平定秦州苻双、豫州苻重叛乱以及灭前燕的战争，均显示出他是智勇双全的将才。建元十五年（379），吕光奉命讨平四川流人李焉的起义。次年，又往河北击平苻洛的反叛。平叛之后，吕光功拜骁骑将军。在这一系列的戎马征战中，吕光为前秦政权的巩固立下了汗马功劳，成为苻坚手下有名的大将之一。

后凉的建立，与吕光奉命出征西域有关。东晋太元八年（383）春，车师前部（今新疆吐鲁番盆地）王弥寘、鄯善（今新疆若羌地区）王休密驮来朝。他们向苻坚提出“年年贡献”的请求，并说：“大宛诸国虽通贡献，然诚节未纯，请乞依汉置都护故事。若王师出关，请为乡导。”[③]当时，苻坚已统一了北方，正有效法汉武帝、纳西域入版图之志，弥寘等人的请求，恰中其下怀。他遂以吕光为使持节、都督西讨诸军事，率将军姜飞、彭晃、杜进、康盛等七万余将士西征。吕光等从长安出发，经过河西走廊，出玉门关，经车师国境至焉耆（今新疆焉耆），焉耆王泥流请降。而当吕光进军至今新疆库车地方时，龟兹王帛纯拒绝归附，吕光遂引兵包围龟兹城。帛纯急向周围小国求援，有数十万人前来营救，均为吕光所败，死者万余人。太元九年（384）九月，吕光攻克龟兹，西域诸国大震，“王侯降者三十余国”，其他较远一些的国家，在听说了吕光的威名后，也“不远万里皆来归附”，使者“贡款属路”[④]。

苻坚得知吕光攻克龟兹、诸国归附的消息后，遂有让吕光率部留驻西域的想法，所以任命他为都督玉门以西诸军事、西域校尉等职。但当时已是“淝水之战”苻坚败军之后，由于前秦境内诸族叛离，战乱四起，“道绝不通”，因此苻坚对吕光的任命及让他留驻西域的意思，都未能及时传达到。加之吕光所率部下，大多来自中原，不愿久居西域，所以尽管吕光本人初亦

① 《晋书·吕光载记》。
② 《太平御览》引《十六国春秋·后凉录》。
③ 《晋书·苻坚载记》。
④ 《晋书·吕光载记》；《资治通鉴》卷一〇六，晋太元十年。

有“留焉之意”，但在“众咸请还”以及鸠摩罗什“劝之东还”的情况下，遂决定东归，此时已是太元十年（385）三月。①

吕光东返行至高昌，太守杨翰以郡归附。这时吕光才知道苻坚在“淝水之战”中大败，长安危急。吕光听从部将杜进的建议，以“赴难”为旗号继续东进。沿途，敦煌太守姚静、晋昌太守李纯皆以郡归附吕光。同年九月，吕光大军经玉门进至酒泉，凉州刺史梁熙欲据地自保，“传檄责光擅命还师”，遣梁胤、姚皓、卫翰等率五万众，距吕光于酒泉城下。吕光用其法而还治其身，亦报檄凉州，斥责梁熙无赴难之意，反而阻挡大军东归。派彭晃、杜进、姜飞等为前锋，击败梁胤，“于是四山胡夷皆来款附”②。武威太守彭济捉获梁熙，开城门投降，吕光顺利进入姑臧城，自领凉州刺史、护羌校尉，部下各有封授。

晋太元十一年（386）十二月，吕光得知苻坚被姚苌所害，于是大赦境内，建年号太安，自称使持节、凉州牧、酒泉公等。其后，吕光率军征讨，平定了徐炅、彭晃、王穆等人的叛乱，统一了整个河西地区。晋太元十四年（389）二月，吕光自称三河王，建年号麟嘉，置百官自丞郎以下。至太元二十一年（396）六月，吕光又自称天王，改元龙飞，建国号大凉，史称后凉。

河西氐族的来源是很早的。《汉书·地理志》张掖郡有氐池县（今甘肃民乐），武威郡有鸾鸟县（今甘肃武威南）。这两个县相距不远，很容易让人联想起前文已论及的《逸周书·王会》所载的“氐、羌以鸾鸟”献的故事。《王会》出于战国人之手，它所载的族名、地名及物品名，应该是当时有所闻的。所以，可能从战国时起，今河西走廊就已经有氐人居住。至汉武帝元封三年，武都氐人起义被镇压下去后，一部分被迁徙至酒泉郡，这就是酒泉禄福的氐人。晋永昌初（322），前凉张茂攻取陇西南安，并在此置秦州，当地的氐、羌人民归于前凉统治。③咸和（326～334）初年，前凉与前赵的军队对峙于秦州狄道（今甘肃临洮）一带。前凉将辛岩对韩璞说：“我握众数万，借氐羌之锐，宜速战以灭之。”④可见当时的前凉军队中，氐、羌的人数占有很

---

① 《晋书·吕光载记》；《资治通鉴》卷一〇六，晋太元十年。

② 《晋书·吕光载记》。

③ 《晋书·张轨传》附《张茂传》：先是，茂参军陈珍“募发氐羌之众，击（刘）曜走之，克复南安”。

④ 《晋书·张轨传》附《张骏传》。

大的比例。

晋太元元年（376），前秦攻占凉州后，“议讨西障氐、羌”。苻坚说，河西的氐、羌“种落杂居，不相统一”，并不能为我朝大患，宜先派员前去抚谕，征收他们的租税等，若不从命，然后派军队征讨不迟。于是，苻坚派殿中将军张句、庭中将军魏褐飞前往宣慰。但魏褐飞“忿其恃险不服，纵兵击之，大掠而归”。苻坚得知此事后，对魏褐飞的违命举动大为不满，令“鞭之二百，斩前锋督护储安以谢氐、羌”。结果，“氐、羌大悦，降附贡献者八万三千余落”①。这里说归附的氐、羌有八万三千余落，若以落作户讲，每落计五人，则有四十余万人。其中，氐人恐占半数左右，约二十余万。可见，前秦攻占河西走廊之前，当地的氐人已经不少。前秦得河西，又派置官吏，驻守军队，其中亦会有相当数量的氐人。苻坚建元十六年（380），又分徙关中氐人三千户于枹罕，被称为“枹罕诸氐”②。至吕光西征，其军队中又有一批氐人。加之吕光称三河王后，从仇池接来以其妻石氏、子绍弟德世为首的一批氐人。③至此，在后凉的疆域内，氐人占了较大的比重。

后凉建立后，东边以金城郡与乞伏西秦相邻，西边置高昌太守，以扼西域。境内除沿袭前凉时所划十八郡之一部分以外，又新置昌松、番禾、西河、乐都、西安、三河、浇河、临池等八郡，共二十三郡。其境域之广，人物之盛，可算是十六国后期西部的一大国。吕光建国之初，“连结豪贤，好施待士”④，实行过一些较为开明的政策。光始欲效法苻坚、王猛，在凉州行“商鞅之法”，故史谓“时刑法峻重”⑤。一次，光与群僚语及政事。参军段业认为，“严刑重宪，非明王之义也”，“奈何欲以商申之末法临道义之神州，岂此州士女所望于明公哉”⑥。凉州是“永嘉之乱”后中原士族避难的地方之一，当时逃往凉州的士族很多，苻坚曾有“凉州信多君子”之叹。如何对待这些士族大姓，关系到后凉能否巩固的问题。吕光是认识到此点的。因此，

---

① 《资治通鉴》卷一〇四，晋太元元年。

② 《晋书·苻丕载记》。

③ 《资治通鉴》卷一〇七，晋太元十四年吕光迎家室到姑臧条，胡三省注：“长安之乱，吕光之家奔仇池依杨氏。”

④ 《太平御览》引《凉州记》。

⑤ 《晋书·吕光载记》。

⑥ 《晋书·吕光载记》。

当段业等对“商鞅之法”提出异议时，光即“改容谢之，于是下令责躬，及崇宽简之政”[1]。由于吕光能“好施待士”，从谏革过，后凉初期，河西较为安定，经济得到一定程度的恢复。

但吕光晚年“荒耄信谗”，加之后嗣者昏暴无才，轻视凉州士族，不重视恢复生产，一味凭借武力，外致强寇，内争利权。结果，内部人心离散，战乱纷起，百姓流离，河西重陷纷乱之中。

首先，从政治上看。后凉的统治者阶层及军队中的骨干，有相当一部分是氐人，而当时他们所占领的河西，是以汉族为主的。在民族成分上，统治者与人民之间有一层隔阂。因此，如何争取地方士族及人民的支持，显得十分重要。但吕光入境之初，便以曾助梁熙之故，杀凉州名士姚皓及尹景等十余人，致使“远近颇以此离贰”。稍后，吕光又以中原人“止知有杜进”，而诛杀亲信武威太守杜进。[2]继吕光之后的吕纂，“游田无度，荒耽酒色”，“性多猜忌，忍于杀戮”；吕隆，则“多杀豪望，以立威名，内外嚣然，人不自固”[3]。在吕氏的统治下，河西士族及人民皆心怀不满。

吕氏既不能依靠河西汉族人士，也不能团结河西少数民族。河西自秦汉以来，就是匈奴、鲜卑、吐谷浑、氐、羌等民族杂居之地。至前凉、前秦时，鲜卑秃发部、卢水胡等，已在河西定居上百年，活动地域广，力量也较为强大。吕光立国之初，就与秃发鲜卑交恶，遂致秃发乌孤脱离后凉。吕光对卢水胡沮渠氏，也是先重用后枉杀，导致了沮渠蒙逊的独立。沮渠蒙逊及其伯父罗仇、麹粥、从兄男成，起初皆为吕光所重用；罗仇曾为尚书、西平太守，麹粥为三河太守，男成为晋昌太守，蒙逊担任姑臧宿卫。沮渠氏对后凉可以说是尽力的。但吕光竟听信谗言，于后凉龙飞二年（397）枉杀沮渠罗仇。一旬之间，卢水胡聚众万人以叛，沮渠蒙逊与段业等联合，于建康（今甘肃酒泉东）建立北凉，成为吕氏之劲敌。[4]

其次，吕氏政权不重视发展生产、恢复经济，使河西在后凉时期出现经济萧条的局面。河西自两汉以来，历经魏、晋、前凉、前秦，农业一直

---

① 《晋书·吕光载记》。
② 《晋书·吕光载记》。
③ 《魏书·吕光传》;《晋书·吕隆载记》。
④ 《晋书·吕光载记》。

比较发达，是一个安定富庶的地区。但吕光建国后，不注意发展农业生产，经济上无所作为。遂致出现“谷价踊贵，斗直五百，人相食，死者太半”的局面。[①]吕纂在位，更是四处征战，不顾农时。中书令杨颖等谏道，“比年多事，公私罄竭”，“方今盛夏，百姓废农”，但吕纂仍一意孤行。[②]到末主吕隆时，已是“连兵积岁，资储内尽，强寇外逼，百姓嗷然无糊口之寄”[③]。还是由对手沮渠蒙逊送谷，以赈济姑臧城内之人。

再次，是不重视文化。河西五凉，前凉、西凉、北凉在文化上颇有建树，一直为后人称道。唯独后凉不重视文化，这不是偶然的。吕光自幼“不乐读书，唯好鹰马”，后又以武力征服河西，他自然不会重视源自中原的凉州儒学。初入境，他杀凉州名士十余人。立国后，不用前凉留下的士人，却偏信胡言乱语的术士。后凉时，河西名士不少，据《魏书》所录，有刘昞、郭瑀、宋繇、阚骃、宗钦等，但均未为吕氏所用，后来则分别为西凉、北凉所重用。[④]

政治上既不能赢得民心，民族矛盾又不断激化，加上生产力的破坏，文化的落后，后凉内外矛盾交错，困难重重。即如沮渠男成说段业之言：“吕氏政衰，权臣擅命，刑罚失中，人不堪役，一州之地，叛者连城，瓦解之势，昭然在目。”[⑤]东晋隆安三年（399）十二月，吕光病死，长子吕绍即天王位。但由于庶子吕纂“统戎积年，威震内外”[⑥]，遂逼吕绍自杀，自登王位。后二年（401），吕纂为吕隆、吕超所杀。经过这几次兄弟残杀，吕氏政权更加削弱。当年，后秦姚兴遣陇西公姚硕德领兵伐凉，兵至姑臧，吕隆遣使请降，以数十家文武旧臣及子弟入长安为质。至晋安帝元兴二年（403）八月，吕隆亲率僚属入居长安，后凉灭亡。自吕光至吕隆，历4主，共18年。

---

① 《晋书·吕光载记》。
② 《晋书·吕纂载记》。
③ 《晋书·吕隆载记》。
④ 齐陈骏、郭锋：《氐人吕光和他的后凉政权》，载《西北史地》1985年第1期。
⑤ 《晋书·吕光载记》。
⑥ 《晋书·吕纂载记》。

后凉吕氏世系表

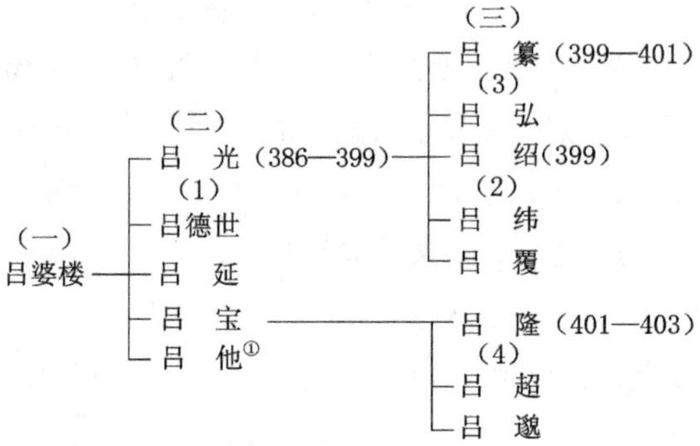

---

① 《晋书·吕光载记》："遣其子左将军他、武贲中郎将纂讨北虏匹勤于三岩山，大破之。"似吕他为吕光之子。但《吕纂载记》说，吕纬约吕他共击吕超，他将从之，他妻梁氏止之曰："纬、超俱兄弟之子，何为舍超助纬而为祸首乎！"下文吕超又呼吕他为叔父，故吕他当为吕光弟。

第五章　仇池诸国

一、前仇池国

仇池，系一山名，本名仇夷山，亦名百顷山，位于甘肃西和县南的大桥乡东南侧，为西秦岭南延余脉。仇池山距西和县城一百华里，地处西和、成县、康县、武都四县边缘。汉魏以来，因为氐族在这里建立过政权而闻名。

氐族开始居住仇池的时间，各书所载略有不同。如《水经注·漾水》说："汉献帝建安中，有天水氐杨腾者，世居陇右，为氐大帅。子驹勇健多计，徙居仇池。"好像氐族居于仇池，从杨驹开始。但前文说过，氐族是从原寺洼文化的居民演变来的，其形成大约是在春秋、战国之际。而仇池山附近亦有不少寺洼文化的遗址，证明这里是寺洼居民聚居点之一。所以说氐人始居仇池的时间，应该追溯到秦汉以前。《元和郡县图志》成州条："《禹贡》梁州之域。古西戎地也，后为白马氐国。""有山曰仇池，地方百顷，其地险固，白马氐据焉。秦逐西羌，置陇西郡。秦末，氐、羌又侵据之。"这里，李吉甫所作的综述是正确的。而《水经注》的说法，可以看作是氐族杨氏徙居仇池之始。

杨驹徙居仇池，当在建安初年。至其孙杨千万时，已拥有部落万余人。建安十八至十九年（213～214）间，千万率部众响应马超，在略阳被曹魏的军队所败，他随马超至蜀投附刘备，余众皆降。这已详于前。晋武帝司马炎时（265～289），杨千万之孙杨飞龙逐渐强盛起来，晋朝封他为平西将军。飞龙无子，养外甥令狐茂搜为嗣。此时陇右安定，飞龙一度迁回略阳居住。晋惠帝元康六年（296），关陇爆发了以齐万年为首的各族人民联合起义，席卷秦、雍二州八郡。战乱加上连年的大旱疾疫，使百姓流离失所，流入汉中与蜀川的有数万家。[1]这时，飞龙养子杨茂搜，因避战乱，率部落四千余家返回仇池，自号辅国将军、右贤王，“关中人士奔流者多依之”[2]。这可以被看作是氐族仇池政权建立之始，亦即前仇池国之始。

前仇池国所以能够建立，并沿袭下去，与当时全国的形势及仇池的地理环境有关。杨茂搜建国后不久，匈奴刘渊在左国城称汉王（304），起兵反抗晋朝，由此开始了十六国纷争的时代。当时，仇池地区的氐人各有部落而不相统一，杨氏世居陇右为豪族，又历受魏、晋封号，自然被“群氐推以为主”[3]。这是氐族仇池政权得以创建的政治条件。其次，包括仇池在内的陇南地区，地处陇山与岷山之间，属于秦岭山地的余脉，又是西汉水、白龙江流经的地区。这里河流湍急，山势险要，交通极不便利。在全国战乱分裂的局面下，这种险恶的地理环境往往成为某一政权得以建立的天然条件。前仇池国的创立，正是利用了这个条件。杨茂搜所据的仇池山，“羊肠蟠道三十六回”[4]，地势极为险要。加之仇池山“左右皆白马氐”，“居人盖以万数”[5]，是氐族分布的中心，秦汉以来，“氐傁常依之为叛”[6]。因为有了上述条件，前仇池国始得以建立。

仇池国建立后，杨茂搜与残存的西晋王朝还保持着名义上的臣属关系。当时，关中人士流往仇池的很多，杨茂搜都善加抚接；遇有愿意离去的，也助资护送出境。正是由于杨茂搜能够奉晋正朔，礼贤敬士，晋愍帝拜他为骠骑将军、左贤王。[7]现收藏于甘肃省博物馆的“晋归义氐王”印，可能就是此时晋朝颁予杨茂搜的。

晋建兴元年（313）四月，涪陵人李运、巴西人王建率三千余人入汉中境，与晋凉州刺史张光发生冲突，为光所杀。王建女婿杨虎收集余众，进攻张光。两人都遣使向杨茂搜求救，茂搜派其子杨难敌前往助光。但难敌却反助杨虎攻张光，并乘机占有汉中。不久，梁州民张咸等聚众驱逐杨难敌。仇

---

① 《晋书·李特载记》。
② 《宋书·氐胡传》。
③ 《北史·氐传》。
④ 《水经注·漾水》。
⑤ 辛氏：《三秦记》，载《二酉堂丛书》。
⑥ 《华阳国志·汉中志》。
⑦ 《宋书·氐胡传》。

池只是短暂地控制过汉中。

东晋建武元年（317），杨茂搜卒，子难敌继位，与弟坚头分领部曲。难敌自号左贤王，屯下辨；坚头称右贤王，驻河池。[①]当时，长安已为刘曜所据，司马保坐镇上邽，纠集各方面的力量，欲出兵恢复关中，“秦陇氐羌多归之”。而刘曜既已称帝、建都长安，为巩固京师，平定关陇，他必不能无视晋朝残余势力的存在。晋太兴三年（320），刘曜率师西征，于陈仓击败司马保军。后又于太兴四年和永昌元年（322），两次进攻仇池，企图拔除这个氐人的根据地。但杨难敌巧妙调兵、恃险据守，使前赵军久攻不下。时又逢前赵军中流行疫疾，刘曜本人病甚重，于是遣使与难敌约和，封他为武都王，授子弟十五人为公侯、列将等职。[②]

刘曜从仇池退兵之后，随即平定了秦州；又攻伐河西，使前凉张氏俯首称臣。秦州与河西的归赵，使杨难敌感觉到仇池已孤立无援，若刘曜再度来攻，自己就没有了退路。于是，他与弟坚头一道避往葭萌（今四川广元西南），归附了南面的成汉政权。赵镇西将军刘厚闻讯追击，俘获仇池辎重千余两，士女六千余人。刘曜派田崧为镇南大将军、益州刺史，镇守仇池。[③]

杨难敌降附成汉后，用重金贿赂镇守汉中的安北将军李稚，方免于被送往成都。在得知前赵的大军已撤退后，杨难敌又率部下从汉中还袭仇池。赵守军不备，难敌得手，活捉了守将田崧。此事发生在晋太宁三年（325）三月[④]。重返仇池后，难敌就“据险不服”成汉，双方关系恶化。李雄派李琀、李稚等率兵伐仇池，分道出白水（今四川青川县白水镇）、阴平等地。而杨难敌依仗险恶的地理环境，先是派兵切断成汉军的归路，继出伏兵四面围攻。李琀等深入无继，皆被难敌所杀，死数千人。[⑤]晋咸和三年（328）五月，刘曜又派兵三万进攻仇池，但仍未能得手，只好掠附近三千余户百姓而归。[⑥]

---

① 《宋书·氐胡传》。

② 《晋书·刘曜载记》。

③ 《晋书·刘曜载记》。

④ 《资治通鉴》卷九三，晋太宁三年。

⑤ 关于杨难敌重据仇池、交恶成汉的时间顺序，参见杨耀坤《仇池政权沿革考述》，载《甘肃民族研究》1988年第1期。

⑥ 《晋书·刘曜载记》。

此时，北方已不存在西晋的残余势力，杨难敌自树一帜，以独立的政权割据一方。当然，为了自存，还需实行多方外交，以周旋其间。这正如《华阳国志·汉中志》说的，“自茂搜父子之结据也，通晋家及李雄、刘曜、石勒、石虎、张骏，皆称臣奉贡，受其官号，所向用其官及其年号”。可以看出，从茂搜到难敌，是前仇池国的开创、发展时期。在此期间，杨茂搜父子以仇池氐人及关陇流民为核心，并网罗今陇南地区的氐、羌、汉及其他各族人民，建立和发展了仇池政权。难敌时，前仇池国已具有一定规模。兵力所及，东至汉中安康，西南抵阴平，北至秦州天水。所以，宋人追述这一段历史时说，杨难敌“抗衡前赵，控制后蜀，鼎峙三国，雄霸一隅，一时英杰也”[①]。

东晋咸和九年（334）正月，杨难敌卒，子杨毅继位，自号龙骧将军、左贤王、下辨公。他还封叔父坚头之子杨盘为冠军将军、右贤王、河池公。又派使入晋通好，东晋封他为征南将军，盘为征东将军。咸康三年（337），杨毅族兄杨初袭杀毅，自立为仇池公，先后遣使称臣于后赵和东晋。永和三年（347）十一月，晋封杨初为使持节、仇池公。五年（349），东晋军队北伐后赵，杨初乘机攻赵西城（今汉中安康西北），占领了此城。永和九年（353）六月，前秦苻飞进攻仇池，为杨初所败。次年，东晋封他为天水公。[②]

东晋永和十一年（355）一月，杨毅弟宋奴使人杀杨初，而初子杨国又诛宋奴，自立为仇池公。次年，杨国又被从父杨俊所杀，俊自立。到晋升平四年（360）一月，杨俊死，子世立。晋太和五年（370），仇池再次发生内乱。当时，杨世死，武都太守杨统起兵与新立的仇池王杨纂争位，双方僵持不下。此时，前秦已灭前燕，统一北方势在必行。仇池的内乱，正好给了苻坚一次机会。前秦建元七年（371）三月，苻坚派苻雅、杨安等率兵伐仇池。杨纂引兵出拒，被苻雅击败，收余众奔还仇池。杨统则领武都军民投降了秦军。杨纂将杨他亦密降于雅，愿做内应。杨纂惧怕，只得出降前秦，苻雅送纂至长安。[③]前秦还把仇池附近的氐、汉百姓迁到关中，“空百顷之地”，前仇

---

① 《略阳县志·艺文部》载宋绍兴《仇池碑记》。
② 《宋书·氐胡传》；《资治通鉴》卷九九，晋永和九年。
③ 《晋书·苻坚载记》。

池国亡。[①]

二、后仇池国

公元383年，苻坚举国南伐东晋，在“淝水之战”中大败，前秦统治随之瓦解，北方重新陷入分裂之中。仇池国就是在此形势下复兴的。

前仇池国灭亡之后，杨氏宗族被迁往关中，成为前秦统治集团中的一部分。在此以前，已有杨宋奴之子佛奴、佛狗逃往苻坚处，受到苻坚的重用。佛奴被封为右将军，佛狗被封为抚夷将军。佛奴子杨定还得尚公主。“淝水之战”后，关中扰乱，杨定“尽力奉（苻）坚”[②]，东征西讨，是前秦末期的骁将之一。后，苻坚被姚苌所杀，杨定一度归附西燕慕容冲。在东晋太元十年（385）十月进攻后秦的作战中，杨定乘西燕败军之机，逃回陇右。他招集氐、汉千余家，徙治历城（在仇池东北约一百里），自称龙骧将军、平羌校尉、仇池公。随即遣使朝于东晋，孝武帝承认他的称号，还划天水的西县（今甘肃天水西南）、武都的上禄为仇池郡，归杨定统辖。从此仇池政权得以复兴。此后，杨定联络前秦余将窦冲、杨璧、王统、毛兴、王广等部，拥立苻坚族孙苻登为帝，共同抗击后秦。在约十年的时间内，杨定以仇池为根据地，屡次挫败后秦军队，夺取了秦州的天水、略阳（治临渭，今甘肃天水东北）等地。在这一时期内，仇池的疆域得到了发展。

公元394年苻登败死后，其子苻崇西奔湟中称帝。后，苻崇被鲜卑乞伏乾归所逐，投奔杨定。当年十月，定与苻崇率两万众进攻乾归，结果被打败，死一万七千余人，杨定本人亦战死。至此，仇池又失掉陇西、上邽等地，只得退回旧土坚守。

杨定死后，镇守仇池的从弟杨盛即位，自称仇池公，遣使称藩于晋。当时，仇池处于后秦和西秦的东西夹击之中，杨盛“分诸四山氐、羌为二十部护军，各为镇戍，不置郡县”[③]，以对付当时紧张的战争局面。稍后，杨盛

① 《宋书·氐胡传》。
② 《宋书·氐胡传》。
③ 《宋书·氐胡传》。

视后秦姚兴强盛，又遣使向后秦称臣。姚兴封盛为镇南将军、仇池公。北魏天兴元年（398），北魏拓跋珪称帝，迁都平城，杨盛遣使朝魏，被封为征南大将军、仇池王。东晋隆安三年（399），杨盛又遣使朝晋，安帝封他为仇池公。在南北东西几大政权的夹缝中生存，杨盛只能采取这种多处称藩、以求自固的做法。

东晋义熙元年（405）二月，晋巴蜀地区发生“谯纵之乱”，汉中空虚。[①]杨盛乘机打出为晋代抚的旗号，派兵进入汉中。而后秦姚兴早已窥伺汉中，杨盛抢先一着，使其计划变为泡影。由此，仇池与后秦交恶。姚兴派姚硕德进攻仇池，屡败杨盛兵。又遣敛俱攻汉中，拨城固，徙流民三千户于关中。经过这几次讨伐，使杨盛认识到不能轻易与后秦为敌，于是遣子难当及僚佐子弟数十人为质，请降于姚兴。姚兴乃封杨盛为武都侯。但是到义熙三年（407）夏四月，仇池与后秦之间又起战事。当时，杨盛以平北将军苻宣为梁州督护，率兵入汉中。后秦梁州别驾吕莹等起兵应宣，击退刺史王敏。仇池又通好于晋。

晋义熙八年（412）十月，姚兴遣建威将军赵琨为前锋、立节将军姚白寿继之，引兵伐仇池。后秦军分道出鹫峡、羊头峡、汧城，四面合围。杨盛率仇池军民，依据险要的地势，与后秦军周旋，终于击败了对手。次年，晋以索邈为梁州刺史，苻宣乃引众还仇池，汉中仍归晋朝。义熙十二年（416），刘裕北伐，杨盛乘机攻占后秦的祁山堡（今甘肃礼县东），又进逼秦州。刘裕代晋后，进封杨盛为大将军、加侍中，后又封武都王。并封杨玄为世子，杨难当为冠军将军。[②]

杨盛、杨玄之世，是后仇池国的鼎盛时期，在称藩于晋的前提下，凭借武力攻下了许多地方。其兵力所及，东南过汉中黄金谷，西南抵梁州平武，北临天水上邽。仇池国所以能有所发展，与以下三点情况有关。第一，杨盛虽以臣属东晋为主，但也采取多方外交，以求自存。所以，他还先后向后秦、北魏等称臣纳贡。特别是在对待与后秦的关系上，杨盛明显地采用了视对手强弱而定进退的方针，所以能立于不败之地。第二，后仇池国的发展，与当时有一批氐人归附杨氏有关。前秦灭亡后，有名的如吕光家室、太子苻

① 《资治通鉴》卷一一四，晋义熙元年。
② 《宋书·氐胡传》。

宏等一批氐人避难仇池，这无疑会增强后仇池国的实力。[1]第三，这一时期仇池丰稔，内部稳定。杨氏又持开放政策，“善待士，为流、旧所怀”[2]。于是四方流人以仇池丰实，多往依附，仇池一度出现小康的局面。

宋元嘉二年（425）六月，杨盛卒，杨玄继位，自称武都王。次年十二月，北魏攻占长安，杨玄遣使至魏，表示归附。元嘉四年（427），魏使公孙轨出使仇池，封杨玄为南秦王。杨玄也遣使回报。元嘉六年（429）秋七月，杨玄死，弟难当废玄子保宗自立，称秦州刺史、武都王，遣使称藩于宋。次年六月，宋文帝加封杨难当为武都王、征西将军。难当以保宗为镇南将军，据守宕昌；以次子顺为镇东将军，守上邽。后，保宗策划袭击难当，因事泄而被囚。

宋元嘉十年（433），仇池一带发生了灾害，士民“大饥”，而当时“益、梁州丰稔”[3]。所以仇池人心思动，流人怀归。加上宋益州刺史刘道济聚敛钱财，“失蜀土人情”[4]。杨难当便利用这个机会，授意流人许穆之、郝惔之改名司马飞龙、司马康之，诈称晋室，资给兵力，派他们进扰蜀地。与此同时，杨难当自率大军，乘宋梁州刺史换任未到之际，进袭汉中，攻破汉中门户白马戍（今陕西阳平关）。宋守军溃退，仇池得汉中之地。又攻葭萌，获宋晋寿太守等人。于是，难当遣使向北魏告捷，并“送雍州流民七千家于长安”[5]，讨好北魏。

仇池攻破梁、益二州，使宋王朝震惊。因为汉中盆地“北瞰关中，南蔽巴蜀”[6]，当川陕出入的要冲，是兵家必争之地。如果北魏乘虚而入，宋就会失去汉中。所以，宋文帝赶紧下诏部署反攻。到元嘉十一年（434）三月，宋新任梁州刺史萧思话进据汉中，把仇池军队赶回了旧土。同时，进攻蜀地的司马飞龙等也被讨平。在大势已去的情况下，杨难当害怕宋追究责任，赶忙奉表谢罪，多方辩解，才得到文帝下诏赦宥。

元嘉十三年（436）二月，杨难当自称大秦王，改元建义，立妻为王后，

---

① 胡小鹏：《仇池氐族杨氏政权浅探》，载《西北师范学院学报》1987年第3期。
② 《宋书·氐胡传》。
③ 《宋书·萧思话传》。
④ 《宋书·氐胡传》。
⑤ 《资治通鉴》卷一二二，宋元嘉十一年。
⑥ 顾祖禹：《读史方舆纪要·汉中府》。

改世子为太子，置百官，皆如天子之制。但仍旧贡奉宋朝不绝。[①] 同年五月，杨难当趁赫连定西遁之机，据有上邽。七月，北魏出兵，仇池撤上邽兵。至元嘉十七年（440），仇池大旱，杨难当自降为武都王。次年十一月，为改变仇池所处的困境，难当又率众出师，谋据蜀土。他派苻冲出东洛牵制汉中的宋军，自己率主力攻拔葭萌，遂进围成都门户涪城（今四川绵阳）。强攻十余日后未能破城，难当只好徙流民七千余家返回仇池。刘宋急遣裴方明等率甲三千救援，又发荆、雍二州兵进讨。次年（442）五月，宋军从汉中进发，先后攻克武兴（今陕西略阳）、下辨、白水，在浊水城（在下辨县治武街城西北，距仇池八十里）击败仇池军主力。仇池内部因连年用兵，资力耗尽，人心思散，一触即溃。在大军压境的形势下，丞相杨万寿、将军姚宪、吕训、姜檀等，各帅部曲降于宋。杨难当见众叛亲离，只好逃往上邽，投降北魏。宋军追出塞峡（在仇池东）而还。后仇池国亡。[②]

三、武都国

杨难当逃魏以后，刘宋王朝以胡崇之镇守仇池，立杨玄之后杨保炽为主，共同防守。宋元嘉二十年（443）春，北魏打着为杨难当报仇的旗号，派大军进攻仇池，连陷下辨、浊水等城，大败宋军，占领了仇池。之后，魏以杨保宗镇守骆谷（今甘肃成县西八十里），恢复仇池国。保宗弟文德劝保宗据险自立，脱离北魏。结果，保宗被魏河间公齐所执，送长安后被处死。同年夏四月，前仇池国镇东司马苻达、征西从事中郎任朏等举兵反魏，占据白崖（今甘肃武都东北约百里处），立文德为仇池公，并向宋告捷，文德被封为武都王。此即武都国之始。当年十一月，宋曾派兵助文德攻浊水戍（今成县西南），不胜，文德逃奔汉中。

其后，陇右发生了氐、羌、汉等各族人民联合反魏的大起义，为武都国收复仇池旧地创造了条件。宋元嘉二十三年（446）春二月，金城（今甘肃兰州）人边冏、天水人梁会，煽动秦益二州杂人万余户，占据秦州上邽东城

---

① 《宋书·氐胡传》。

② 《宋书·刘怀肃传》;《宋书·氐胡传》。

起义。边冏与梁会率四千人攻上邽西城，“氐羌一万屯于南岭，休官、屠各及诸杂户二万余人屯于北岭，为冏等形援”①。后来，梁会求援于杨文德，文德乘机进据葭芦城（今甘肃武都东南），“招诱氐、羌，武都等五郡氐皆附之”，时已在元嘉二十四年十二月。②

杨文德占据葭芦，拥有氐众，又与梁会等互为声援，引起北魏的不安。当时坐镇秦州的封敕文急报拓跋焘，称杨文德受刘宋封爵，领兵聚众，煽动仇池氐民，窥据城镇，自梁会造反以来，与之勾结，援势相连，“武都氐羌尽相唇齿，为文德起军，所在屯结，兵众已集，克来不远”，朝廷应速派兵镇压。③陇右是北魏的屏障，拓跋氏自然不会对文德起兵熟视无睹。所以封敕文的求援报告未到之际，拓跋焘已诏令坐镇仇池的皮豹子领军出击。杨文德“阻兵固险”，抗击北魏军。不料，宗人杨高叛变，引魏军入葭芦，文德只好弃城南走，“奔于汉中”④。葭芦复归北魏。杨文德逃到汉中后，被宋雍州刺史刘骏押至京师，以战事失利被免官削爵。

宋元嘉二十七年（450）七月，宋大举北伐，再度起用杨文德为辅国将军以作前锋。文德率军自汉中西进，遇前此降魏的杨高率阴平、平武之众前来阻挡，遂杀死杨高。旋即乘胜前进，葭芦等地重入武都国的版图。元嘉三十年（453）初，文德与杨头等率诸氐、羌合围武都，但被魏将皮豹子击败。此时，虽有萧道成等宋军入汉中，配合文德，欲一举收复仇池，亦无济于事。后来，文德又进攻附魏的啖提氏，仍不胜，被宋梁州刺史刘秀之解送荆州。宋孝建元年（454）二月，荆州刺史刘义宣叛宋，杨文德因不从，被杀。⑤

就在文德被解送荆州的同时，宋以文德从祖兄杨头进驻葭芦城，代行政事。宋孝建二年（455）冬十月，又以文德从弟杨元和为征虏将军，镇守白水。并封镇守葭芦的杨头为辅国将军。从亲疏关系上讲，杨元和是文德的亲叔世子，属于嫡系；而杨头是从祖兄弟，较为疏远。所以武都国的氐人都推举元和为正宗。但由于元和“年小才弱”，无力统御所部；因此，宋虽授以

① 《魏书·封敕文传》。
② 《资治通鉴》卷一二五，宋元嘉二十四年。
③ 《魏书·封敕文传》。
④ 《魏书·皮豹子传》；《宋书·氐胡传》。
⑤ 《宋书·氐胡传》。

将军称号，但“不正元和号位”，使武都国“未有定主”[①]。宋雍州刺史王玄谟因武都国主事，多次上书朝廷。他先是建议封杨头为主，但因头不是杨氏嫡传，朝廷不从。后又建议先假节于杨头，以稳定目前局势，待元和长大以后，再行封王，届时若元和仍不堪用，王位还是归杨头。但刘宋并未采纳王玄谟的建议，后仍册封元和为武都王，治白水。元和果然“不能自立”，三年后献城于魏，被封为征南大将军、武都王，“内徙京师”[②]。

元和叛逃之后，其从叔杨僧嗣自立为主，治葭芦。当时刘宋王朝内乱，萧惠开叛变，派治中程法度率兵三千出梁州。杨僧嗣率氐众阻断叛军的通道，并派人到建康去报信。宋明帝闻讯后，立即封杨僧嗣为北秦州刺史、武都王。此可视作武都国的再度兴起。公元454年到466年，从杨文德死到杨僧嗣封王统一，武都国内无主、部众不和达12年之久。造成这种局面的原因，从武都国内部讲，是氐民拥立嫡长杨元和，但因他年小无能，刘宋欲封不得。从刘宋的角度讲，若交权于杨头，则怕引起氐人的不满，所以才一再拖延，久久不决。[③]在这种背景下，杨僧嗣自立为主，使武都国得以再度兴起，氐族的仇池政权又得以沿继。

宋后废帝元徽元年（473）十月，杨僧嗣卒。从弟杨文度自立为武兴王，遣使归顺北魏，“魏以文度为武兴镇将”[④]。不久，文度又叛魏投宋，被封为龙骧将军、武都王。他受封后坐镇葭芦，派其弟文弘驻守武兴。同年，杨文度集合氐众进攻仇池，魏守将吴保元兵败，退守仇池山，求援于秦、益二州刺史吕罗汉。魏主闻讯，急诏长孙观等自吐谷浑回师助讨。与此同时，附魏的宕昌羌王梁弥机亦遣二兄率众救武都，“破走文度”[⑤]。在多方夹击下，武都国失利，杨文度退军葭芦。

宋元徽四年（476），杨文度再次派文弘北进，到次年十月攻陷仇池。北魏征西将军皮欢喜率四万众来攻，文弘只得弃城而走。皮欢喜轻取仇池，并收浊水城。之后，又攻下覆津（今甘肃武都东南）、葭芦，杀死杨文度，武

① 《宋书·氐胡传》。
② 《宋书·氐胡传》；《北史·氐传》。
③ 徐日辉：《武都国述论》，载《民族研究》1987年第5期。
④ 《资治通鉴》卷一三三，宋元徽元年。
⑤ 《魏书·高祖纪》；《魏书·吕罗汉传》；《北史·宕昌羌传》。

都国至此灭亡，时在宋昇明元年（477）十二月。[①]

四、武兴国

杨文度被杀后，杨文弘退守武兴，自称武兴王。北魏封他为南秦州刺史、武都王。宋昇明二年（478）六月，顺帝封文弘为北秦州刺史、武都王，武兴国自此始。[②]

齐建元元年（479），晋寿人李乌奴、白水氐人杨成起义，进攻齐梁州。后，李乌奴杀杨成，降于梁州刺史范柏年。又因范柏年被处死，李乌奴"叛入氐，依杨文弘，引氐兵千余人寇梁州，陷白马戍"[③]。尔后李乌奴多次被齐军击败，退回武兴。次年秋七月，齐崔慧景进攻武兴、关城，被杨文弘击败，退回南郑。十一月，萧道成因文弘叛齐，就立杨难当正胤、文弘从子杨后起为武都王，镇守武兴。但武兴当时仍为杨文弘所据。建元三年（481）秋，杨文弘遣使入齐请和，齐接受文弘所请，封他为北秦州刺史。后，仇池氐人的另一首领阴平公杨广香病逝，部众来奔文弘，于是武兴国兵众大增。文弘派杨后起进据白水。白水"居晋寿上流，西接涪界，东带益路，北连阴平、茄芦，为形胜之地"[④]。武兴国明显地扩展了地盘。

齐建元四年（482）秋九月，杨文弘死。北魏随之封杨后起为武都王。萧齐唯恐落在北魏之后，也封后起为冠军将军，两年后又改封征虏将军。当年，文弘子集始以白水太守自立为王，被后起击败。齐永明四年（486）春正月，杨后起死，齐以杨集始为武都王。而北魏亦封集始武都王，并加封南秦州刺史。

齐永明十年（492）九月，杨集始率"氐、蜀杂众"数万人，攻打汉川。[⑤]起初，集始军顺利地击败齐梁州刺史阴智伯军，迫使齐军退守白马戍。

---

① 《资治通鉴》卷一三四，宋昇明元年。

② 也有学者以杨文度自立为武兴王为武兴国之始。见李祖桓《仇池国志》，书目文献出版社 1986 年版，第 105—106 页。

③ 《资治通鉴》卷一三五，齐建元元年。

④ 《南齐书·氐传》。

⑤ 《南齐书·氐传》。

集始乘胜挺进，猛攻白马戍。齐增派步、骑兵进行反击，终于击破集始军。杨集始退守武兴，并以城降于北魏。

齐建武二年（495）四月，北魏军进攻汉中，大败南齐军。北魏将进攻之际，南齐深恐武兴国乘机南下，造成两面夹击之势，就派沮水氐杨馥之进攻武兴，以解除后顾之忧。又派杨后起弟之子杨元秀，率军切断北魏军的运输道。结果，杨元秀一路被魏南梁州刺史、仇池公杨灵珍拒于泥公山（今甘肃成县境内），不得前进。而当年六月，杨馥之攻下了武兴，武兴国主杨集始撤往下辩。[①]

齐建武四年（497），杨灵珍与弟婆罗、阿卜珍率部三万余人，叛魏归齐，并送母、子为质，受到齐重用。当年八月，灵珍进攻集始，杀死其弟集同和集众，迫使集始一道降齐。九月，北魏李崇部进攻杨灵珍，大败灵珍，并俘获灵珍妻子，杀其弟婆罗、阿卜珍，重据武兴。在此情况下，南齐连年下诏，封杨集始为北秦州刺史，意在使他北攻魏军。杨集始遂率万余众自汉中北出，欲收复旧地。时魏梁州刺史杨椿寄书集始，晓以利害。杨集始接到书信，对使者说："杨使君此书，除我心腹之疾。"于是，他领部曲千余人投降北魏。北魏"还其爵位，使归守武兴"[②]。

齐中兴元年（501）五月，北魏宣武帝拓跋恪怀疑咸阳王拓跋禧不忠，禧恐惧不安，密谋叛变。时杨集始在洛阳。他初与禧共谋，后又告发，禧被杀。之后，集始以母亲年老为由，解还武兴。梁天监元年（502），杨集始被封为武都王，于次年十一月卒，魏谥号为安王，子绍先袭其位。

梁曾于天监元年封绍先为武都王；至绍先继位之年，北魏封绍先为武兴王。天监四年（505）正月，夏侯道迁叛梁降魏，杀杨灵珍父子。梁将尹天宝率军讨伐，夏侯道迁求救于杨绍先。绍先不应，而从叔杨集朗引兵救道迁，击败天宝军。同年二月，魏将邢峦率军进攻汉中，占领了一些城戍。绍先从叔杨集起、杨集义，害怕北魏攻占梁、益二州后，武兴国将失去外藩的地位，于是年十月帅氐众叛魏，拥立绍先为帝，并自称王。[③]后为北魏李焕击败。次年初，北魏的军队攻克武兴，俘获绍先，改武兴为东益州，武兴国到

① 《南齐书·氐传》。

② 《魏书·杨椿传》。

③ 《资治通鉴》卷一四六，梁天监四年。

此告一段落。

北魏于武兴置东益州后，前后所派镇将、刺史等，于百姓皆无威惠，因此激起氐人多次起义。北魏孝明帝孝昌中（525 ～ 527），东益州氐民起义，赶走刺史唐永，此州再度为氐人控制。此时正值北魏末年各族人民大起义，杨绍先趁北方混乱，由洛阳逃回武兴，仍自称武兴王。北魏永熙三年（534），宇文泰平定秦陇，杨绍先见势仍向魏称藩，并送妻子为质。这时，梁朝亦以绍先为秦、南秦二州刺史，后又加车骑大将军。梁大同元年（535），杨绍先死，子杨智慧立，通表梁朝，被封为秦、南秦二州刺史、武兴王。同年，梁军攻克汉中，魏梁州刺史元罗降，智慧“遣使上表，求率四千户归国，诏许焉，即以为东益州”[①]，大约是处于汉中某地。以后就再没听说过杨智慧的消息，不知卒于何年。

西魏大统十一年（545），魏以绍先另一子杨辟邪为东益州刺史，镇守武兴。数年后，杨辟邪反魏，魏将叱罗协受命进兵汉中，攻占武兴，杀杨辟邪。至此，武兴国亡。时在西魏元钦二年（553）。[②]

五、阴平国

宋昇明元年（477），在杨文弘退守武兴的同时，原后仇池国主杨难当的族弟杨广香，因协助魏攻杀杨文度有功，被封为阴平公、葭芦镇主，阴平国自此建立。

杨广香开国后不久，南朝萧齐代宋，广香于齐建元元年（479）七月举镇投齐，受到萧衍的赞赏，封他为督沙州诸军事、平羌校尉、沙州刺史。不久，齐又进封他为征虏将军，并要他协助征讨李乌奴等人的起义。次年冬十月，齐以杨广香为西秦州刺史，子杨炅为武都太守。后，广香病逝，他所统领的“氐众半奔文弘，半诣梁州刺史崔慧景”[③]。其子杨炅在部众离散的情况下承袭父位，非常艰难。齐永明元年（483）二月，杨炅被封为沙州刺史、

① 《梁书·武兴国传》。

② 《周书·叱罗协传》;《周书·氐传》。

③ 《南齐书·氐传》。

阴平王，名义上仍然归属于齐。为了保存自己，杨炅在受齐封号的同时，又臣服于北魏，他于公元490年和493年，两次遣使朝魏，494年亲自入魏朝拜。齐建武二年（495）十二月，杨炅卒，子杨崇祖继任依齐。次年，被封为沙州刺史、阴平王。①

梁天监元年（502），杨崇祖卒，子杨孟孙“拥户数万，自立为王”②。他通秉梁朝，出兵进扰北魏边郡。魏益州刺史裴宣遣使招谕，晓以逆顺，孟孙便归附北朝，遣子入魏谒见。天监十年（511），杨孟孙卒，子杨定袭父爵。他于公元516年遣使朝魏，518年被封为阴平王。后来，杨定曾随魏将攻伐梁地，大约在梁普通六年（525）卒于平兴（治今四川广元西北的白水街）。从杨广香开国至杨定，阴平国共传5代，约50年。

杨定卒后，氐酋杨法琛占据平兴，自立为阴平王。杨法琛自称是“（杨）盛之苗裔”③，但其间的传承关系，已不能细考。北魏孝明帝孝昌中，杨法琛“举众内附（魏），自是职贡不绝”④。后来，法琛可能曾派使到梁朝称藩。所以在梁大同元年（535）十一月，梁以法琛为平北将军，旋即又封他骠骑将军。⑤

梁大宝元年（550）九月，黎州（治今四川广元）百姓造反，进攻刺史张贲，贲弃城而走。于是州民迎杨法琛据黎州，并派人到梁武陵王萧纪处，请他任命法琛为黎州刺史。⑥作为氐族首领的杨法琛，能够受到黎州百姓的拥戴，除去人民痛恨梁朝的腐败统治外，还当与黎州百姓中有不少氐、羌人有关。今四川广元一带在白水与葭萌之间，汉时为刚氐道，长期以来是氐族活动的区域，有大批氐人居住是可能的。

梁武陵王纪拒绝了黎州百姓的请求，并囚禁了杨法琛的两个儿子，迫使法琛转而遣使附魏。梁朝得知后，派杨乾运等率兵两万征讨。法琛则集兵众据守剑阁天险，以对抗梁军。大宝二年（551）正月，梁军攻占剑阁，二月攻占平兴。杨法琛在失利的情况下，向西魏求援。西魏封法琛为黎州刺史，

---

① 《南齐书·明帝纪》。
② 《魏书·裴骏传》附《裴宣传》。
③ 《周书·氐传》。
④ 《周书·氐传》。
⑤ 《梁书·武帝纪》。
⑥ 《资治通鉴》卷一六三，梁大宝元年。

并派军前往接应。自此杨法琛又附于魏。

西魏废帝二年（553），杨法琛随尉迟回平蜀，回军后氐族内部发生冲突，法琛与杨崇集、杨陈侳等各拥部众，互相攻击。魏督成、武、沙三州诸军事赵昶，“乃分其部落，更置州郡以处之”[①]。至此，阴平国亡。杨法琛不再见于史载。

六、仇池兴亡论

自公元296年杨茂搜建前仇池国始，到553年赵昶灭阴平国为止，其间仇池凡5国，共历33主，250余年。仇池政权鼎盛之时，据有今甘肃东南部、陕西西南部及四川西北部，人口数十万。[②]与十六国时期其他政权相比，仇池政权历年最长，疆土也较为广大，因此所谓杨氏“地狭，少兵事，不足为表”[③]，是不准确的。只是应该看到，由于仇池地处僻远，政权时断时续，中原人对其内部情况较难掌握，所以史籍对此记载较少，给我们今天的研究增加了一些困难。

那么从纵观的角度来看，在魏晋十六国乃至南北朝，这个民族矛盾尖锐、南北对峙激烈、各族政权纷争不已的时期，仇池政权何得以兴而衰、衰而兴，沿继数百年之久呢？以下，试从民族、地理等内外条件加以分析。

（一）地理因素。仇池诸国所控制的甘肃陇南、四川西北、陕西汉中一带，从自然地理上看，正是陇山山脉以南，至岷山山脉地带。在这一地区内，山高险阻，河流纵横，交通极不便利，是一个易守难攻的地方。如仇池杨氏的大本营仇池山，面积16平方公里，海拔1793米，相对高度791米，“绝壁峭峙，孤险云高，望之形若复唾壶。高二十余里，羊肠蟠道三十六回”[④]。险峻如此，有一夫当关，万夫莫开之势。东晋义熙八年（412），仇池杨盛反后秦，拔祁山。后秦主姚兴率军会于陇口，分遣诸将出鹫峡（今洛峪黑虎峡）、羊头峡

① 《周书・氐传》。

② 《梁书・武兴国传》说仇池人口“本有十万户”。若以每户五六人计算，则当有五六十万人。

③ 周济：《晋略・割据表》，四部备要本。

④ 《水经注・漾水》。

（今青羊峡），分道伐仇池。后秦天水太守王松忽对秦州刺史姚嵩说，“先帝神略无方，徐洛生以英武佐命，再入仇池，无功而还；非杨氏智勇能全也，直地势险固耳”[①]，意在劝嵩表闻姚兴，以仇池地理环境险恶而取消进攻。但姚嵩未纳其谏，率师直入，结果被仇池军打败。姚兴怒斩立节将军姚伯寿，扫兴而归。仇池之险，由此可见一斑。

再如，武都国所据的白崖，武兴国所据的武兴，也各有险峻的地理条件或重要的战略地位。白崖在今武都县东北约百里处，现名杨家崖。它形势颇类仇池，“三面陡绝不可上，前通一径，仅堪容骑，亦复险峻可怖，艰于上下”[②]。这恰如又一座仇池山！武兴即今略阳，此地自古以来为蜀道要冲，为汉中出陇右的必经之地。汉初，刘邦出汉中与项羽争天下，其部将樊哙即沿此道出陇右，完成战略计划。清人丁谦于杨智慧弃武兴、率四千户归梁条下说：“案杨氏立国，地为秦、蜀交通要道，虽户仅数千，实扼南北之锁钥，故宋、齐、梁三朝均羁縻之。”[③]就是说武兴的地理位置十分重要。

宋人郭允蹈曾说：“蜀，长江之上流也。褒斜，汉中、蜀之门户也。武都，又汉中之藩篱也。”“无武都则无汉中，无汉中则无蜀。”[④]足见，古人对仇池诸地的险要地理条件，是有所认识的。而仇池杨氏正是凭据此特殊的地理环境，开国建制，前后相继，持续250年之久。近人张维著《仇池国志》，综述仇池杨氏据地之要，说：

> 杨氏据地多在西汉水、白水上游。自仇池循西汉而东，为下辨、武兴。南出关城，则至汉中。自武都波白水而南，为葭芦、阴平。又南则至景谷、白水。若自仇池溯西汉北出塞峡，则可撼动天水、略阳。[⑤]

足见仇池杨氏所据，正是一个易守难攻而又出击方便的地理环境。

（二）民族因素。民族因素可以同地理条件相提并论。今天的陇南、川西北及汉中西部，基本上就是氐族发源地与活动最频繁的地区。仇池杨氏所

① 《资治通鉴》卷一一六，晋安帝义熙八年。
② 吴云逵：《武阶备志·隩塞》，同治十二年新刻本。
③ 《梁书夷貊传地理考证》，载《蓬莱轩舆地学丛书》。
④ 《蜀鉴·氐羌杨氏据武都》，巴蜀书社1984年影印本。
⑤ 张维：《仇池国志·疆域》，1949年铅印本。

以能够建立政权而且历久不衰，根本的原因在于他打出了民族的旗帜，以氐族豪帅的资格来组织以氐人为主、包括其他民族的地方政权。

在仇池诸国的范围之内，自秦汉以来，活动过白马氐、刚氐、甸氐、湔氐等。虽然历经汉魏之间的几次大的迁徙，很多氐人被迁往陇右和关中，但外迁的氐人毕竟是少数，而大多数氐人仍然留在原地。如前文所述，杨定逃回仇池，招集氐、汉重建仇池国；杨文德招得武都、阴平五郡氐民，使初创的武都国势力大增，都可以证明留居仇池的氐人是很多的。

历代仇池政权，就是建立在这一地区内的氐、羌聚落的基础上的。根据《魏略·西戎传》的记载，直到三国时，氐人的部落组织还存在。杨盛时，分仇池地区的氐、羌百姓为二十部护军，各为镇戍，以代替郡县。这种以护军代替郡县的制度，也还带有一些部落集团的特点。这些氐人及羌人的集团，正是仇池杨氏政权的基础。杨氏为了加强与境内各民族的联系，派宗室子弟分守境内各要害地方，以利于召集氐、羌等民众。

由于仇池诸国是以氐、羌之民为基础的，所以每当前一个仇池政权覆亡之后，就会有另一些氐族豪帅出来，推举杨氏宗族，继续组成另一个政权，而广大的氐、羌群众，一般也会支持这个自己的民族政权。例如后仇池国灭亡后，就有原镇东司马苻达等举兵反魏，推举杨文德为主的事件，由此武都国始得以建立。杨文德既立，就召集氐、羌，欲规复仇池故地，于是武都、阴平五郡氐民响应文德，这就壮大了武都国初创时的声势。因此可以说，只要氐人还大量地存在，加之羌、汉等各族的支持，仇池杨氏政权就能够延续下去，这是其赖以生存的基本条件。

除氐、羌及当地的汉人以外，仇池杨氏还召集或联合过其他少数民族。杨难当的梁州刺史"苻粟持（特）"[①]，就可能是取氐姓的西域胡裔。可知，在仇池政权中似包括有部分西域移民。此外，前文提到配合杨集始攻打汉川的"蜀"，也当是活动于川陕甘交界处的一支少数民族。总之，各少数民族的参与或支持，是仇池政权得以存在的重要条件。

（三）招揽汉族士人及流民。仇池虽然是以氐族及羌族为主体的民族政权，但境内还有许多汉族士民，他们也是仇池诸国的重要组成部分。如后仇

---

① 《宋书·氐胡传》。

池国失败之时，“天水任愈之率部曲归顺”，以后帮助杨文德建立武都国的任朏，以及祖父岐、父综、伯父祚也“并仕杨氏”[1]。任为天水大姓，他们当属流入仇池的士人。这一点可以说明，汉族士人在仇池国中占有一席地位。仇池国在自保或向外发展时，都要依靠汉族流民的力量。元嘉十一年（434），杨难当上书刘宋，解释上半年进攻汉中的事件时说，“值秦流民，怀土及本，行将既旋，不容禁制”[2]，反映出流民在仇池国中的重要推动作用。

招抚流亡是仇池诸国的重要政策之一。早在杨盛、杨玄父子时，就尊晋号以招抚四方。如后仇池国国主杨玄，“虽为蕃臣，犹奉义熙之号。善待士，为流、旧所怀”[3]。之后，杨难当主国亦采取奉刘宋为正朔的方针，以争取多数汉人的支持，扩大自己的影响。因而许多“自称晋室近戚”的人投奔仇池，其中有许穆之（后改名司马飞龙）、郝惔之（改名司马康之）。杨难当重用司马飞龙，委以重任统兵攻蜀。杨难当重用流民的措施，还包括为投奔仇池的人士，安排了一个比较理想的用武之地。此可举赵温为例，他“博学有高名”，曾为后秦姚泓的天水太守。“刘裕灭泓，遂没于氐。氐王杨盛、盛子难当，既有汉中，以温为辅国将军、秦梁二州刺史。”[4]一批有识有才的汉人，充任仇池国的官吏，对其政权的强盛起了重要的作用。

（四）灵活多变的外交。审时度势的内外政策，是仇池诸国一大显著的特点。它们对外政策最突出的表现，就是灵活多变。具体做法是，取决于当时的形势，或投南背北，或投北背南。如杨难当在元嘉十一年攻破汉中后，曾送雍州流民七千家于长安，以讨好北魏。而当宋收复汉中，他又上书于宋廷，多方辩解，把责任推到流民身上。紧接着，杨难当自称大秦王，然犹奉宋为正朔，但反过来却不断进扰北魏镇戍。这种平衡外交的手法，对于夹在南北朝之间的仇池政权来说，是取得保护、维持生存的唯一可行手段。再如，阴平国百年的历史中，总共有十次忽南忽北的举动，平均每十年一次。这种对外政策，使得阴平国在南北朝夹缝之中，以及在武兴国的威胁之下，能够存在近百年。

（五）各族起义和南北对峙提供的有利条件。除上述原因外，当时的全国形势，也为仇池诸国的建立或复起提供了客观的条件。如在武都国开创的

① 《宋书·氐胡传》。
② 《宋书·氐胡传》。
③ 《宋书·氐胡传》。
④ 《魏书·赵逸传》。

当年，该地区发生了氐民反抗北魏、与刘宋互为呼应的斗争，所以，杨文德才能够在苻达、任朏等人的拥立下建国。后三年（446），秦州的上邽、略阳又爆发了一次规模浩大的各族联合起义。当年三月，金城人边冏、天水人梁会聚秦、益二州各族八万余户，据秦州上邽造反。这次起义犹如导火索，引爆了陇右各族人民的反魏斗争。于是，秦州南边的仇池民李洪起义，北边略阳的王元达起义，以及稍后的陇西屠各人王景文的起义，相继而起。这些斗争，给北魏以沉重的打击，动摇了其在秦州以及陇右的统治。这也在客观上为武都国的发展铺垫了道路。

南北对峙的局面，也为诸仇池国的存在提供了某种机遇。试想如果在统一的王朝之下，仇池地区一经统一，氐族杨氏便没有退路。但是在南北朝对峙、长期抗争不下的形势下，仇池诸国就可以视具体情况，时而附南，时而叛北，即依托、牵制南北双方的力量，来维系自身的存在。从南、北诸王朝来看，仇池国的所在地是一个边远的民族地区，其居民主要是氐、羌。在封建王朝内，对边疆少数民族的统治，有“急之则反，缓之则怨”[①]的规律。因此不管南朝、北朝都一样，仇池是一个颇难治理的民族地区。同时，又由于其地僻边陲，交通不便，不可能投以大量的军队和财力。所以，南北诸王朝对仇池都只能采取又拉又打的策略。这样，在客观上造成了仇池政权得以建立的条件。[②]

以上是仇池诸国得以建立、延续的有利条件，正因为有了这些条件作基础，使得仇池国能存在约250年之久。但仇池政权最终又覆亡了。这里面有两个重要的原因：一是在当时中国大地上所形成的南北对峙的局面，到公元6世纪中后期，已有归于统一的趋势。全国的统一，不允许有地方政权的长期存在。二是陇南、川西北和陕西西南部，自汉魏以来，已远非完全的氐族聚居区，而是杂入了羌人、汉人及其他民族。氐族可以在豪帅的统领下，建立以本民族为主的政权，但也需要其他民族的参加或合作，所以也不能排除非氐族人士的分离和反叛，再加上仇池杨氏内部的不断纷争，兄弟残杀，这就决定了仇池诸国虽得以长期存在，但毕竟从内部开始出现危机了。

诸仇池国的覆亡，当然还有其他一些原因。如国家政治体制不完备，立百官、模仿汉魏制度只是一种表面文章；政权的主体为氐、羌部落和四方流

---

① 《宋书·氐胡传》。

② 徐日辉：《武都国述论》，载《民族研究》1987年第5期。

人，对外战斗中显示出落后性；缺乏政治远见，不能把握形势，妄自行动等。但归结到一点，就是割据的落后性与全国统一趋势之间的矛盾。

仇池杨氏世系表

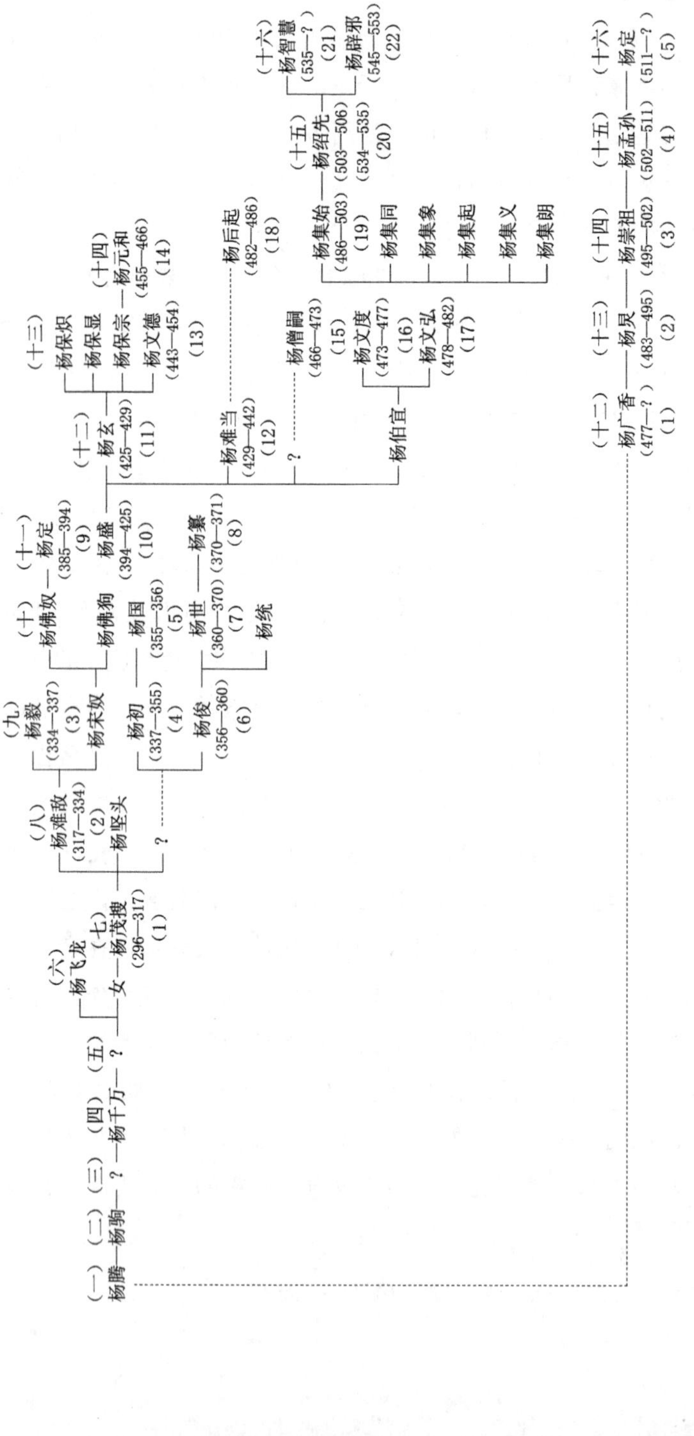

第六章　南北朝时期的氐族起义

一、公元5世纪的氐族起义

南北朝时期，除仇池诸国以外，在陇蜀之间，还分布着许多氐民。南北朝的统治者，为了争夺地盘，也为了加强对氐族的统治，便在这一地区划分了许多州郡。

首先说秦州，它是三国魏黄初（220～227）中，分陇右设置的，治上邽（北魏时改称上封）。中间一度废弃，及至晋泰始五年（269），又以雍州陇西五郡及凉州的金城、梁州的阴平，合七郡复置。十六国时，前秦、后秦均沿置不废。秦州南部，汉时为武都郡，晋置秦州后仍沿袭旧名。十六国前秦时，改为南秦州，治骆谷，后秦因之。东晋方面，于晋孝武时（373～396）立秦州，寄治襄阳。安帝之世（397～418），移治汉中南郑，称南秦州。其间，又曾于义熙三年（407），以氐王杨国为北秦州刺史；十四年（418），置东秦州。入南朝后，南秦州之名仍然沿用。

北魏于太平真君时（440～451），攻下仇池，置仇池镇。至魏孝文帝，封武兴国主杨文弘为南秦州刺史，但仇池实际上仍然掌握在北魏镇将手中。当时，北魏欲南并梁、益二州，还曾于仇池置梁州，于武兴置南梁州。正始二年（505），北魏占领汉中，后又灭武兴国，始正式改仇池镇为南秦州，仍治骆谷；改武兴国为东益州，治武兴，又把梁州治移至汉中。在此之前的延兴四年（474），北魏曾于武都的东境置南岐州，治河池。以上地区，除有汉人居住以外，多为氐、羌之民，亦有一少部分匈奴屠各人。入南北朝后，氐、羌等各族人民的起义多在此区。

武都以南的阴平之地，也是南北朝时氐人较多的地区。自汉置武都郡，至北魏时的南秦州，阴平皆为州郡的一部分。但是，北魏太和初年，杨广香杀杨文度、自称阴平公后，阴平始脱离武都，成为阴平国的一部分。阴平国还兼有阴平以南的沙州（治今四川广元西北）和黎州等地。此外，刘宋时，还因汉人流寓于汉中，故于梁州立南、北二阴平郡；又因有汉民流寓于蜀地，于益州立南、北二阴平郡。益州的北阴平郡，故治阴平（在今四川剑阁西北）；南阴平郡治苌阳（今四川德阳西北）。以上各地，与阴平国末期的氐族起义皆有关系。[①]

自西晋以后，秦州的天水、略阳、武都、阴平四郡，梁州的梓潼郡等，都是氐、羌和其他民族杂居错处的地区。其中，天水、略阳二郡，居民以汉族为多，但亦有不少的氐、羌、匈奴等民族杂居其间。武都、阴平二郡，居民以氐族为主，其次是羌人与汉人。梓潼郡以汉族为主，但杂有大量的蜀叟、氐人。因此，上述各地的人民起义，多不是以一地一族为单位的，而是几个地区的许多民族，相互联合而举行的。各族人民斗争的对象主要是北朝的历代统治者。而且，在起义中，各族人民往往与氐族的上层，即所谓氐帅、氐豪联合起来。[②]

北魏太平真君六年（445），雍州爆发了以卢水胡盖吴为首的各族人民大起义，斗争的矛头是对准北魏的统治者的。接着在次年二至四月，秦州天水的上邽、略阳的松多川（今甘肃秦安东）、武都的仇池以及雍州的安定郡，都爆发了反抗北魏的起义。其中规模最大的，是天水郡上邽的汉、氐、羌、匈奴等族的联合起义。当时，起义军首领边冏、梁会进攻上邽西城，有氐、羌一万，匈奴及诸杂户两万余人，增援冏等。[③]与上邽起义同时，仇池城民李洪聚众起兵，制作玉玺，自称“应王”。当时，欲重返仇池的氐王杨文德，也跃跃欲试。于是，梁会派人说合杨文德，计划击夹北魏军。文德见时机已到，就借口一郡不能有两王，要梁会杀死李洪，才肯出兵。结果李洪被杀，上邽的起义军也告失败。这两次起义虽然都失败了，但是，从杨文德与梁会等援势相连，“武都氐羌尽相唇齿，为文德起军”[④]，可看出包括氐、羌在内的各族人民起义，对武都国的扩展起了重要作用。

---

① 马长寿：《氐与羌》，第67页。

② 马长寿：《氐与羌》，第68页。

③ 《魏书·封敕文传》。

④ 《魏书·封敕文传》。

秦州各族人民的起义失败后，秦、南秦、东益及雍州的氐、羌等族小规模起义，仍不断发生。北魏和平三年（462）六月，雍州扶风氐仇傉檀等举众起事。当时，北魏在陇东汧城（今陕西陇县南）东南筑长蛇镇，欲长期在彼驻兵。魏将陆真率众筑城未讫，“氐豪仇傉檀等反叛，氐民咸应，其众甚盛”①。陆真率军出击，屠杀了四千余人，才平息了这次事件。起义军中还有叫强免生的首领，他亦是一个氐人。②此次雍州氐民起义的原因，是由于氐豪仇傉檀等反对筑城、反抗北魏的统治而致。

北魏延兴四年（474）初，泾州民张羌郎起义于陇东，南秦州仇池氐羌蛩廉、苻祁等亦相继起义。北魏军队擒获张羌郎后，“仇池氐羌叛逆遂甚，所在蜂起，道路断绝”③。由此看来，陇东和仇池的起义是相呼应的。魏略阳公伏阿奴和南秦州、东益州刺史吕罗汉两军夹攻，才把仇池氐、羌的起义镇压下去。大约就在陇东和仇池的起义平息后不久，雍城还发生过氐豪徐成、杨黑起兵，驱逐北魏镇将的事件。当时，刘藻迁龙骧将军、雍城镇将，“先是氐豪徐成、杨黑等驱逐镇将，故以藻代之”。刘藻到任之后，擒获成、黑等，“斩之以徇，群氐震慑”④。北魏太和四年（480）正月，雍州又爆发了氐民齐男王率众起义、“杀美阳令”的事件，后亦被镇压下去。⑤

秦州、南秦州及雍州的氐民为何反魏呢？原来北魏秦州刺史于洛侯，南秦、东益二州刺史李洪之，都是当时有名的酷吏。他们所辖州内的百姓，仅因小过，就要受到断腕拔舌、支解四肢的处罚。如李洪之以“带刃行”为罪名，滥杀南秦、东益二州的百姓，史称“其中枉见杀害者百数”⑥。他还对州民征以重课杂调，结果官府收入“十倍于常”。北魏州郡官吏如此滥杀无辜，重课盘剥，必然会引起诸州氐、羌、汉人民的不满和反抗。

继于洛侯、李洪之之后，北魏派到秦州、南秦州、东益州的镇将和刺史中，也有不少是贪婪横暴的。例如雍城镇将刘藻，在镇压了氐豪徐成等以

① 《魏书·陆真传》。

② 《魏书·薛初古拔传》：“共陆真讨反氐仇傉檀、强免生，平之。”

③ 泾州张羌郎和仇池蛩廉等起兵的时间，据《魏书·吕罗汉传》等记载，在长孙观与吕罗汉击退杨文德进攻仇池之后，即延兴三年十月之后，则当在延兴四年初。

④ 《魏书·刘藻传》。

⑤ 《魏书·高祖纪》。

⑥ 《魏书·酷吏传》。

后，升迁为岐州刺史，又转秦州刺史。刘藻到州后，“开示恩信，诛戮豪横，羌氐惮之”[①]。实际上，他笼络各族上层，诛杀敢于反抗的百姓，所以氐、羌各族都怕他。南秦、东益二州的情况大抵相同。魏世宗时（500～515）平定氐人，于武兴立镇据守，后又改为东益州，而“镇将、刺史乖失人和，群氐作梗，遂为边患”[②]。具体的情况是：前后镇将唐法乐、刺史杜纂、邢豹等，“以威惠失衷，氐豪仇石柱等相率反叛，朝廷以西南为忧”[③]。其中，杜纂于正始前为南秦州刺史，正始元年（504年）以后为东益州刺史。他在东益州时，因“无御边威略，群氐反叛”，以失民和被征还。[④]

《魏书·酷吏传》共计9人，派到秦州、南秦州、东益州的就有3人。从此可知，为何三州的氐、羌、汉百姓要经常起义了。

二、公元6世纪的氐族起义

北魏景明四年（503）三月，武都氐人杨会反魏，至五月被魏梁州刺史杨椿等镇压下去，氐族百姓被杀数千人。这是6世纪初，氐族起义的开始。正始二年（505）四月，南秦州仇池的氐民起兵反魏；十二月，东益州武兴的氐民亦反魏。从此，揭开了南秦、东益二州氐民反魏斗争的序幕。

北魏正始三年（506）正月，南秦、东益二州的氐民起义尚未平定，秦州爆发了以吕苟儿为首的氐、羌、汉各族人民起义。当时，氐王杨定进占据方山（今甘肃徽县西北），与吕苟儿互相声援。魏将李焕密募氐民赵芒路刺杀定进。[⑤]此后，南秦、东益二州的氐羌起义，在近十年中没有消息，大约是因为吕苟儿的起义，阻断了西南的交通，使消息无法传到洛阳。至延昌四年（515），南秦、东益二州氐民的起义，又相继发生。当年四月，东益州南部的沮水氐起事，围攻武兴城。北魏遣梁州和南秦州刺史合兵征讨，才解除了氐民对武兴的包围。神龟元年（518）二月、三月，东益州氐民

---

① 《魏书·刘藻传》。
② 《魏书·自序》。
③ 《北史·氐传》。
④ 《魏书·良吏传》。
⑤ 《魏书·李焕传》。

和南秦州氐民，分别举行反魏起义，北魏孝明帝派龙骧将军崔袭持节抚谕，起义方告平息。[①]正光二年（521）正月、十一月，南秦、东益二州的氐民又相继反魏，把6世纪初以来的氐民反魏斗争，推向了高潮。[②]孝明帝先后派抚军将军邴虬，秦州刺史、河间王元琛出兵南征。但元琛其人性情贪暴、求欲无厌，他“在州聚敛，百姓吁嗟”；“进讨氐羌，大被摧破”，士卒死者数千人，狼狈逃还。[③]北魏军队的这次南征，归于失败。

北魏正光五年（524）六月，秦州爆发了以羌民莫折大提为首的羌、汉各族联合起义。这次起义前后持续了三年半，波及了整个关陇地区，沉重地打击了北魏的统治。在莫折大提的起义队伍中，就有不少的氐人。据载，起义军进攻仇鸠、河池二戍失败后，北魏东益州刺史诸将佐劝刺史魏子建收缴州内城民的器械，理由是“东益州本氐王杨绍先之国”，“城民劲勇，二秦反者皆其族类”[④]。后来，义军都督杨鲊、梁下辨、姜齐等，又多次率军攻打仇池。从姓氏上看，他们均有可能是氐人。

就在莫折大提起义的同时，南秦州氐豪杨松柏、杨洛德兄弟也多次起兵，反对北魏的暴政。魏南秦州刺史崔游到任后，表面上“深加招慰”，封杨氏兄弟以主簿等官秩。杨松柏兄弟为其所动，“奖谕群氐，咸来归款”，自信从前起兵过在官府，不复自疑。崔游见时机已到，便设宴请杨氏兄弟，在席间将兄弟二人杀掉。此事发生后，州内氐、汉百姓见官吏反复无信，遂聚众造反。他们召集骆谷城内城外的氐、汉群众，入城杀死崔游及家属，据城起义，“以应大提”[⑤]。可见，南秦州的起义与秦州的起义是有联系的。而且，二州起义的主力军都是当地的氐、羌及汉族人民。正光五年（524）十二月，北魏东益州刺史魏子建，“招降南秦氐民，复六郡十二戍”[⑥]。至此，南秦州的起义暂告结束。

秦州、南秦州的各族人民联合起义虽然失败了，但氐族人民反魏的斗争并未停止。北魏永安二年（529）七月，魏以唐永为东益州刺史。唐永到任

---

① 《资治通鉴》卷一四八，梁天监十七年。
② 《资治通鉴》卷一四九，梁普通二年。
③ 《魏书·河间王琛传》。
④ 《资治通鉴》卷一五〇，梁普通五年。
⑤ 《魏书·肃宗纪》；《魏书·崔挺传》附《崔游传》。
⑥ 《魏书·肃宗纪》。

后不久，东益州的氐、汉百姓联合起义，进攻武兴城，迫使唐永弃城而走。起义军削平城垛，整个东益州皆为义军所有，前后随刺史到任的官吏及僧侣皆被义军俘获。同年，南岐州、南秦州的氐、羌亦起兵反魏，北魏屡次出兵征讨不利，于是派王罴率五千羽林军前往征讨。王罴在两州内诱捕义军，对参加起义的人一律诛杀。[①] 两州氐、羌起义方告平息。

从北魏到西魏、北周，统治者对氐、羌等西北各族的政策有相似之处，这就是以镇压为主，兼以招抚。西魏、北周时，其大部分军队部署在关陇。东、西魏分裂的当年（534），魏孝武帝尚未入关，陇右便出现战争纷呈的局面。这年四月，凉州刺史李叔仁为民众所执，州境大乱；宕昌羌王梁企定引吐谷浑进攻金城；而“渭州及南秦州氐、羌连结，所在蜂起”[②]，形成了从南岐州至于瓜州（治今甘肃敦煌）、鄯州（治今青海乐都），跨州据郡者各自称雄的局面。宇文泰连忙派北镇将领帅兵分守各州，才把局势安定下来。这就是西魏、北周的军事力量集中在关陇的原因。

尽管有上述情况，但西魏辖境内的氐、羌等民族起义仍然时有发生。西魏大统四年（538），南岐州氐民苻安寿聚众反魏，自称“太白王”。他率领义军攻破武都城，震动州郡。宇文泰以侯莫陈顺为大都督率兵征讨，苻安寿屯据险要，抵抗魏军，侯莫陈顺久不得进。后，陈顺设反间计，“离其腹心；立信尝，诱其徒属”[③]。苻安寿在义军头目向魏投降的情况下，才率部落一千家款附陈顺。

西魏大统九年（543）四月，秦州的清水郡（故治在今甘肃清水西北），发生了以氐酋李鼠仁为首的起义。先是，李鼠仁被强征随宇文泰出关打仗。在洛阳邙山之战后，鼠仁逃还乡里，纠合氐民反魏。西魏陇右大都督独孤信屡次出兵征讨，都未能平息。后，宇文泰派赵昶前往诱说，鼠仁才率部归降。同年，东秦州（故治在今陕西勉县）氐酋梁道显亦聚众反魏，攻南由镇（今陕西陇县东南）。宇文泰仍派赵昶前去抚谕，梁道显降，“徙其豪帅四十余人并部落于华州”[④]。

---

① 《周书·王罴传》。

② 《周书·文帝纪》。

③ 《周书·侯莫陈顺传》。

④ 《周书·赵昶传》。

大统十五年（549），安夷郡（疑即陇州）的氐人又起兵反魏。原来，赵昶时为安夷郡太守，兼长蛇镇将。初到任时，他征氐民千余人从军，出外打仗。后来，宇文泰以军事急迫，又向氐民征兵，“时属军机，科发切急，氐情难之，复相率谋叛”[①]。赵昶以离间的办法分化起义的氐民，捕获首领二十余人全部处死，这才把事件平息下去。接着，南秦州氐帅盖闹等相率起兵，“闹据北谷，其党覃洛聚洮中，杨兴德、苻双围平氐城，姜樊哙乱武阶，西结宕昌羌獠甘，共推盖闹为主”[②]。当时，赵昶已升迁南秦州刺史，他先用分化离间的办法，接着出兵征讨，把氐民的起义平息下去。同年，兴州的氐民又起义反魏，攻逼南岐州。兴州刺史叱罗协与赵昶合兵夹击，把这次起义镇压下去。[③]

氐族最南的一个集中分布区在阴平郡至沙州一带。自阴平王杨法琛与其他氐帅内讧，被赵昶以“分其部落”的策略安置后，这里氐民的势力虽大为削弱，但各族人民的起义仍然不断。西魏恭帝三年（556），武兴氐民反魏，进图利州（今四川广元）和凤州。同时，固道（今陕西凤县东北）“氐魏天王”等亦聚众响应。后来，这些起义被西魏大将军豆卢宁镇压下去。[④]

北周闵帝元年（557），沙州氐民起义反周。当时，赵刚是利州总管，督利、沙、方（今四川苍溪东北）、渠（今四川渠县）四州诸军事，他率兵前往征剿，平定了氐民的起义。[⑤]同年秋，明帝初立，凤州氐民魏兴等起义，自号“周公”，拥众八千人，攻破广化郡（今甘肃徽县西北），并分兵西入武州，围广业、修城二郡（分别在今甘肃成县西北与东南）。二郡太守不敌，请赵昶来援，才平定了这次起义。明帝武成年间（559 ～ 560），兴州人段吒与下辨、柏树二县的百姓联合起义，攻破兰皋戍（今甘肃成县南）。同时，“氐酋姜多复率厨中氐、蜀攻陷落丛郡以应之”[⑥]，与兴州起义相呼应。赵昶把段吒等的起义镇压下去后，又有文州、阴平、芦北（今甘肃文县西）等郡的氐民屯聚众造反，与姜多相呼应。赵昶率精骑先平二郡，后又入厨中，

---

① 《周书・赵昶传》。
② 《周书・氐传》。
③ 《周书・氐传》。
④ 《周书・氐传》。
⑤ 《周书・赵刚传》。
⑥ 《周书・氐传》。

“大破氐众，斩姜多及苻肆王等，于是群氐并平”①。上述氐民起义的范围，西至嘉陵江上源，南至涪水以北，各州郡的氐民无不参加在内，从此可看出氐族在这一地区的人数与活动力量，都是不小的。

以后，氐民小规模的反周事件时有所闻，但声势已不如前。到周武帝天和元年（566），北周筑府兵六城坊，其中武都、留谷、津坑在原武都郡内。这正是氐、羌各族经常举行反魏、反周起义的地方。北周把将近一半的精锐府兵布置在武都地区，其用意就是要稳定秦陇，弹压氐、羌等。北周大象二年（580）八月，益州总管王谦反周，沙州氐帅杨永安聚众应谦，为魏将达奚儒所破。②此后，陇蜀间氐、羌的起义就很少见于记载了。

从北魏始光三年（426）到北周武成二年（560）的一百余年间，前后在秦州、南秦州、东益州、南岐州、东秦州、沙州、泾州等地的氐、羌及各族人民起义，据粗略的统计，总数在37次以上，平均两年多便有一次。起义之多，一方面说明氐、羌各族的人数之多、能量之大；另一方面说明北朝统治者的民族政策是不受欢迎的。

南北朝时期的氐族起义有两个特点：

第一，因为氐族与羌、汉各族杂居错处，利害与共，所以他们在不堪北朝统治之时，会不期而然地同时在各地举行起义。有的斗争，例如各州郡人民反官吏贪暴的斗争，最初是以孤立的地方事件出现的；但由于北朝统治者普遍实行民族压迫政策，以及贪官污吏之多，某一地的人民起义就会波及其他地区，故使孤立的起义演变为地区性甚至全国性的斗争了。例如，北魏正光年间的南秦州氐、汉人民起义，与羌民莫折大提为首的起义，最初没有联系，但后来联合到一起了。

第二，氐族人民这一时期的反魏斗争，是在南北朝对峙的情况下，以及氐王杨氏时而反魏、时而降魏的情况下发生的。所以，氐民的反魏斗争与氐族王侯的立国有相互关系。氐王后裔是以自己的统治利益为前提的，故在南北朝之间，忽降忽叛，反复无常。而广大的氐族群众则是以被统治阶级的利益为前提的，对于南、北朝的暴政一概反对。例如，梁大宝元年（550）九月，黎州氐民围攻梁黎州刺史张贲，就是一个明显的例子。南秦、东益、阴

---

① 《周书·氐传》。

② 《周书·氐传》。

平的氐民，多是氐王及其后裔所属的百姓或部曲，因此他们的反魏斗争与氐王后裔的复国活动，往往互相影响，甚至成联合趋势，这就表现出民族斗争的多重性和复杂性。如杨文德利用氐、羌人民反魏的机会，重建和发展武都国政权，即为一例。总之，5至6世纪的氐族人民起义，尽管都遭到失败，但它反映出来的氐族的活动能量，以及对当时历史的影响，都是巨大的。[①]

① 马长寿：《氐与羌》，第87—89页。

第七章 氐族与其他民族的融合

一、关陇地区氐族的融合

经过十六国、南北朝时期的民族大迁徙和大融合，大部分氐人逐步融合于其他民族、主要是汉族之中。

十六国、南北朝时期，氐族与汉族及其他民族的融合，可以分成两大地区、两大阶段来考察。一是关陇及关东地区，时间大致从公元4至6世纪；另一是陇南、川西北地区，时间起自5世纪，下限到隋唐，以至更晚一些。

第一个大区，氐族的进一步迁徙和与其他民族的融合始自前秦。苻坚将关陇一带的氐众迁往今河南、辽宁、北京、山西、甘肃等地，意在以胤亲分守方镇。但这些为数不多的氐人迁往各地后，由于婚姻关系和文化习俗的改变，其民族特点的消失是十分容易的。加之，这些氐人迁去不久，前秦就因"淝水之战"大败而很快亡国了，由于丧失了政治、经济上的联系，外徙的氐人很快就成为一盘散沙，被周围如汪洋大海般的汉族及其他民族所吸收、融合。

相对而言，在后秦立国的关中，还保留着一些氐人的集团或聚居区。他们或在后秦军队中供职，或拥立寨主，自守坞堡，活动还多见于记载。东晋太元十五年（390），前秦余将魏褐飞自称大将军、冲天王，"率氐胡数万人"攻后秦安北将军姚当城于杏城（今陕西洛川西南）；羌酋雷恶地起兵响应，攻镇东姚汉得于李润（今陕西大荔北）。当时迎战的后秦军队人数不满五千，而褐飞、恶地众至数万，"氐、胡赴之者首尾不绝"。后来，褐飞败，姚苌斩首级万余。[①]可以看出，后秦时关中的氐人还是相当多的。除关中北部洛川一

① 《晋书·姚苌载记》。

带的氐人外，尚有新平、汧川、贰原等氐人较为集中的地区，现分述于下：

（一）新平氐。姚苌平魏褐飞之乱的次年，苻登将强金槌以新平来降，并送子以为质。姚苌受降，将率数百骑入金槌营中。先是，苌部将谏阻，谓入氐营将有不测。苌既入氐营，“群氐果有异谋”，欲取苌首级，因金槌不从而止。[①]新平郡，后秦时治今陕西彬县，此地距前秦北地郡（治今陕西耀县）的三原护军颇近，而后者为前秦时氐人聚居地之一。苻坚分关中氐户分镇四方，首先提到的就是三原的氐户。可见，前秦至后秦之时，北地、新平两郡，一直都居住着较多的氐人。

（二）汧川氐。晋太元十九年（394），后秦安南强熙、镇远杨多叛姚兴，推窦冲为盟主，所在扰乱。兴率军征讨，进至武功。杨多兄子良国杀多而降，而冲弟彰武又与冲离贰，冲奔强熙。熙闻兴帅军将至，领两千户奔秦州，窦冲又走汧川，为“汧川氐仇高执送之”。冲从弟统亦率部降于兴。[②]汧川，当指汧城左右，在今陕西陇县至千阳一带。前秦时，这里就是氐族的聚居区，苻坚分往关东的十余万氐户中，就有汧氐。此“汧川氐”，当为留下的一部分。

（三）贰原氐。晋安帝义熙十年（414），姚兴病重，李弘反于贰原，“贰原氐仇常起兵应弘”。姚兴带病征讨，斩仇常，执李弘，“徙常部人五百余户于许昌”[③]。贰原，又作贰城，胡三省说：“贰城，贰县城也，在杏城西北、平凉东南。”[④]这里的氐人被称作“贰原氐”，人数当不在少数。姚兴又徙仇常部曲五百余户于许昌（今河南许昌），这是十六国后期氐族的一次较大的迁徙。

（四）白鹿原氐。后秦姚兴时，安乡侯康宦曾“驱略白鹿原氐胡数百家奔上洛”。白鹿原在长安东灞桥至蓝田县之间，昔时有长安氐人移住于此地。[⑤]

（五）平阳氐。约晋义熙十二年（416），仇池杨盛派兵进攻后秦长蛇镇（今陕西陇县东南长蛇川），“平阳氐苟渴聚众千余，据五丈原以叛”。姚泓遣

---

① 《晋书・姚苌载记》。

② 《晋书・姚兴载记》。

③ 《晋书・姚兴载记》。

④ 《资治通鉴》卷一一五，晋义熙五年九月条注。

⑤ 《晋书・姚兴载记》;《十六国疆域志・后秦》。

镇远姚万、恢武姚难讨击，为渴所败。姚湛复征讨，方擒渴。[①] 平阳氐苟渴，前赵时居平阳，后移关中。后秦时，汧、陇一带多氐民所居，苟氐亦避居于此。[②]

可以看出，后秦时关陇氐人的分布，与前秦相比，除汧、陇一带仍为氐人聚居区以外，已有一些变化。这就是：长安附近的氐人已比较少见，而渭北地区的氐人较前增多。出现这种情况的原因，似在于"淝水之战"后，关中战乱，氐人纷纷避居渭北所致。

不过，在后秦军队中，还一度保留着"氐兵"的编制。公元5世纪初的一次战役中，赫连夏犯后秦，姚兴"遣左将军姚文宗率禁兵距战，中垒齐莫统氐兵以继之。文宗与莫皆勇果兼人，以死力战，勃勃乃退"[③]。从这里可以看出，"氐兵"还是后秦军队的一支中坚力量。

公元4至5世纪之交，北魏逐步统一北方。拓跋珪天兴元年（398）四月，有鄜城（今陕西洛川东南）匈奴董羌、杏城（今洛川西南）卢水胡郝奴、河东（今山西运城一带）蜀薛榆和"氐帅苻兴，各率其种内附"[④]。拓跋嗣泰常二年（417）十二月，"氐豪徐骇奴、齐元子等，拥部落三万于雍，遣使内附"[⑤]。拓跋焘始光三年（426）十二月，北魏军队在奚斤的率领下进入长安，"秦、雍氐羌皆诣斤降。河西王蒙逊及氐王杨玄闻之，皆遣使附魏"[⑥]。北方的氐人纷纷归附北魏以后，有关的记载就稀见于史籍了。关东一地，尚见天兴二年（399）三月"氐人李辩叛慕容德，求援于邺行台尚书和跋"的事件。[⑦] 其余如姚兴徙于许昌的五百余户氐人，以后不再见记载。

随着北魏的统一，关中地区的氐人逐渐与汉族或其他民族相融合。本来，前、后秦之时，关中氐人在汉族文化的熏染下，汉化程度已经较深，氐族的民族特征已保存无几。后来，由于前、后秦政权的覆亡，以政治作纽带的民族内聚力已不复存在，因此，北魏统一北方之后，关中氐人融合的进程

---

① 《晋书·姚泓载记》。
② 马长寿：《氐与羌》，第44页。
③ 《晋书·姚兴载记》。
④ 《魏书·太祖纪》。
⑤ 《魏书·太宗纪》。
⑥ 《资治通鉴》卷一二〇，宋元嘉三年。
⑦ 《魏书·太祖纪》。

大大加快。北魏初期，曾将关、陇氐羌编入军队之中，驱其冲锋陷阵。宋文帝元嘉二十八年（451），北魏伐宋，其军队中就有“三秦氐、羌”[①]。被编入军队的氐民，或伤亡，或被俘，人数的减少是很快的。这是北朝时期氐人融合于其他民族的一个重要的途径。

北朝时期，关陇及关东地区氐人最主要的去向，就是因与汉族或其他民族杂处、通婚，进而融合于其中。这一点，尤以渭北氐族聚居区为突出。

渭北地区多氐、羌之民，从前述后秦时的状况可知其概。北朝时期，情况没有太多的变化，此可举毛遐兄弟事说明。毛遐字鸿远，北地三原人，世为酋帅。正光中（520～525），“与弟鸿宾聚乡曲豪杰，遂东西略地，氐、羌多赴之，共推鸿宾为盟主”[②]。氐人有毛姓，晋穆帝永和六年（350）八月，苻健遣苻雄略渭北，“氐酋毛受”等皆应之。[③]以上指毛遐为“酋帅”，又说“氐、羌多赴之”，则他当为氐酋无疑。此可证直到6世纪上半叶，渭北氐、羌之人仍然颇众。

渭北氐人的活动，于史籍中已不易寻得，但在金石中可略见一斑。

有北魏蓝田县《邑子罗晖造像题记》，石已残缺，年代不可考。但从姓氏上考察，与十六国前后秦时的氐、羌大姓十分相似，可视为北魏时的遗物。题记人名中，属于氐族的有五姓：吕姓二人，苻、石、杨、姜等各一人。[④]蓝田本非氐人聚居之地，但由于它北近冯翊，西临长安，故氐、羌之人迁入极易，散居其间者往往有之。又有《邑主同琋龙欢合邑子一百人等造像记》，时间在北周武帝宇文邕保定二年（562），因前人未曾著录，无法推知此碑在渭北何地。造像记题名中，为氐姓的有六人，他们是：吕道苌、姜景儁、杨元景、梁景和、梁多郎嗬、齐景悦。[⑤]

今陕西蒲城县又见有两块碑，一为《圣母寺四面造像碑》，时间是北周保定四年（564）；一是《昨和拔祖等一百廿八人造像记》，可定为宇文邕天和元年（566）。前者题记中有氐姓二人，姜、蒲各一；后者有吕姓二人，当

---

① 《宋书·臧质传》。

② 《北史·毛遐传》。

③ 《资治通鉴》卷九八，晋永和六年。

④ 马长寿《碑铭所见前秦至隋初的关中部族》一书，未将“姜”列入氐姓，见中华书局1985年版，第50页。而姜氏，氐、羌均有之（详见本书第八章），故增入。

⑤ 马长寿：《碑铭所见前秦至隋初的关中部族》，第70页。

为氐姓。又有叫吕右妃的，可能系嫁与昨和氏的氐妇。又有《郭羌四面造像铭》，马长寿认为立此碑的时间可定在公元554至582年间。此碑在建忠郡和宜州之间，即今之耀县。从造像铭的内容来看，可知郭羌上一代两个母亲，一李氏当系汉姓，一蒲氏为氐姓。中间一代，郭羌妻卢胡仁，似为卢水胡姓氏；三弟妇分别姓白、杨、鱼，中间的杨先妃，当为氐人。下一代外甥二人皆姓雷，显然又是氐、羌姓氏。一门亲眷，杂氐、羌、胡诸姓，这在其他碑铭中是少见的。[①]

今甘肃秦安郑家川有北周建德三年（574）《建崇寺造像记》一通。像主宇文建崇，原姓吕，系一氐人，后宇文泰赐姓宇文。祖父吕帛冰，为“秦州都酋长”，是氐人豪帅。其父兴进，官龙骧将军、都督浙州刺史。母元要、男娥、僧姿，共三人，前一人可定为拓跋姓氏。建崇妻王光容，媳王花，兄妻杵思妙，弟妻王还辉，弟妇权帛妙。王、权二姓，汉人和氐、羌都有，这里不能排除为氐、羌的可能。[②]

综上所述，可知北朝时渭北氐人时有所见，又可看出由于氐族与羌、汉、鲜卑等族通婚杂处，已渐渐分散以至融合于这些民族之中。

氐族与汉族及其他民族之间的通婚，由来已久。前秦之时，苻坚的后妃中已有不少汉人或其他民族。通婚是民族之间相互交往、融合的重要途径之一。它不仅从种姓、语言、习俗上，而且也从经济、文化上，沟通两族的联系，磨灭民族的特征，消除两族的差别，因而使通婚的两族或数族人员在各方面都慢慢接近。具体到关陇地区的氐族来说，由于周围主要分布着经济、文化水平较高的汉族，因而氐人与汉人通婚，最终只能融合到汉族中去；至于这里的与羌人、鲜卑人通婚的那部分氐人，到后来由于这两个民族的汉化，到底也融合到汉族中来。这就是关陇及关东地区氐人的基本去向。

---

① 陆增祥：《八琼室金石补正》，中华书局1987年影印本，第14—17页；马长寿：《碑铭所见前秦至隋初的关中部族》，第77—78页。

② 张维：《陇右金石录》，甘肃省文献征集委员会1943年印本。

二、陇南川西北氐族的融合

南北朝时期，氐人的另一个聚居区，就是以武都为中心的今陇南、川西北地区。这也是氐人最早的聚居地，从东汉末年直到北周，先后建立过数个前后相承的氐族仇池政权。另一方面，又爆发过多次氐民反抗北朝统治的斗争。后来，氐杨的政权、氐民的起义都不复存在了，史籍中也很少见到有关氐族的记载。他们是否全都消失了，或者都融合到其他民族中间去了呢？问题似乎并不简单。

经过十六国、南北朝的民族大迁徙、大融合，陇南、川西北的氐族大部分已融合于汉族或其他民族之中，这是没有问题的。首先，从氐族方面看，自汉武帝元鼎六年（前 111）开武都郡，迫使氐人外流；到三国时，曹魏数次徙氐人于关中，乃至前、后秦时，亦再三徙氐人出武都，这样的多次移民，无疑会减少武都氐人的数量。与此同时，中原各朝都派军队、官吏等坐镇氐族地区，加之工匠、商人以及流民源源不断的流入，使汉人或其他民族成分的人数不断增加，这就在一定程度上改变了该地区的民族构成。在氐民外徙、汉人迁来的背景下，由于氐人与汉人通婚，接受汉族文化，这就为广大氐民与汉人的融合，准备了充分的条件。

由于接近汉人的原因，氐族的社会发展阶段，及接受汉化的程度，比起当时的羌族来说，都要显得高出许多。这方面，我们可以简单地比较一下双方的情况。

两汉时期，除去迁入内地的羌人以外，处于边地的羌人还多保留着部落组织或部落联盟的形式，其种姓或部落名称有：先零羌、封养羌、牢姐羌、罕羌、开羌、且冻羌、沈氐羌、虔人羌、巩唐羌、彡姐羌、烧当羌、当煎羌、烧何羌、卑湳羌、勒姐羌、钟羌、当阗羌等。[①] 及至魏晋十六国，仍有勾岂羌、输报羌、邓若羌、卑和羌、集木且羌、烧当羌、弥姐羌等。以上名称，一望即知大部分应为种姓或部落的称号；换句话讲，这些羌人的组织主

① 马长寿：《氐与羌》，第 107—110 页。

要是以血缘作纽带的。

与此不同的是，魏晋南北朝时氐族的社会要进步一些。除深山野林、人迹罕至处之外，史籍上所见的氐人群体，已多以地缘关系相称呼，计有：武都氐、南氐、白水氐、沮水氐、南秦氐、清水氐、安夷氐、武兴氐、沙氐等。这些名称，多是在族名前加地名，以示某地之某族，这就与上述羌人的情况有较大的差别。正是由于氐族社会在魏晋十六国时期已步入了以地域联系为主的发展阶段，其中又掺杂了不少的汉人及其他民族，加之汉文化的巨大影响，因此到南北朝及至隋时，大部分氐人都已融合到汉人之中了。

当然，南北朝时期，以仇池为中心的氐人，其活动仍然是十分频繁的。除前述仇池诸国，以及 5 至 6 世纪氐族的起义以外，这一时期仍有氐人外徙的事件。宋元嘉（424 ～ 453）中，裴方明平杨难当，南安氐人焦明与仇池千余户迁居襄阳，宋在当地侨立天水郡略阳县进行管理。[1]随焦明一起迁襄阳的千余户仇池居民中，大部分当为氐人。又，西魏文帝宝炬大统九年（543），曾徙东秦州氐豪四十余人及其部落于关中华州，亦是一例。此外，南朝因流人所至，在益州北部及梁州汉中皆置有南、北二阴平郡，其中亦当夹杂有氐、羌百姓。上述外徙的氐人，后来均无所闻见，应该是融合于汉人之中了。

但并不是说氐族在隋唐时，已完全不存在了。相反，在以武都为中心的甘、陕、川数省交界处，仍有氐人活动。《隋书·地理志》记载：汉阳、临洮、宕昌、武都、同昌（今四川南坪东北）、河池、顺政（今陕西略阳）、义城（治绵谷，今四川广元）、平武、汶山，“皆连杂氐羌。人尤劲悍，性多质直。皆务于农事，工习猎射”。唐初修成的《括地志》说，“陇右成州、武州皆白马氐，其豪族杨氏居成州仇池山上”[2]。这些记载说明，隋唐时期，以今甘肃陇南为中心，还居住着大批的氐人，氐族豪帅杨氏仍然盘踞于仇池山上。

唐中晚期修成的《元和郡县图志》顺政县条说，“杨君神祠，在县西南二里嘉陵水南。山上即杨难当神也，土人祠之”。唐兴州顺政县，仍治今陕西略阳。此地在历史上，曾是仇池政权东边的据点和门户，是氐族活动频繁的地区。在北周灭阴平国两百余年后的唐朝元和年间（806 ～ 820），尚有

---

① 《南史·焦度传》。

② 《史记·西南夷列传》，张守节《正义》引《括地志》。

以杨难当为神、加以奉祀的“土人”。这一方面反映出仇池杨氏在当地还有影响；另一方面说明，在川、陕、甘数省交界处，还生活着一些氐人（土人）。《元和郡县图志》江油县条亦载，“石门山，在县东一百三里。有石门戍，与氐分界，去仇池城四百余里”。唐代龙州江油县在今四川平武县东南，境内的石门山，彼时犹为“与氐分界”之处，说明唐时仍有氐人在平武一带居住。

唐代氐人的情况，在杜甫的诗作中也有反映。肃宗至德二年（757），杜甫作《送韦十六评事充同谷防御判官》一诗，其中有“受词太白脚，走马仇池头。古色沙土裂，积阴云雪稠。羌父豪猪靴，羌儿青兕裘”[①]。同谷，西魏末改白石县置，治所在今甘肃成县，唐朝因之。仇池山在成县西百里，故杜甫诗中有“走马仇池头”之句。羌父、羌儿之说，反映了仇池附近有氐、羌之民居住的风情，而并不仅指羌人。如依氐人“衣服尚青绛”[②]之说，“羌儿青兕裘”还当指氐人。

杜甫的另一首诗《愁坐》，亦有涉及氐人。“安史之乱”后，杜甫避居秦州，后经同谷入蜀，居于梓州（治郪县，今三台）。当时，吐蕃趁唐朝内乱、无力顾及边地，遂频繁进扰陇右及川西北一带，而该地的氐、羌之民也由于吐蕃的裹挟，故卖命其中。杜甫《愁坐》一诗，就是在此背景下写成的。全诗说：“高斋常见野，愁坐更临门。十月山寒重，孤城水气昏。葭萌氐种迥，左担犬戎屯。终日忧奔走，归期未敢论。”葭萌属利州，地在今广元西南，汉为刚氐活动之域，南北朝时，系仇池国南面的据点之一。左担，《益州记》说：“阴平县有左担道，其路至险，自北来者担在左肩，不得度右肩也。阴平在今之文县。”杜甫在诗中，将葭萌之氐与“左担”之“犬戎”（吐蕃）对举，反映出当时吐蕃裹挟川西北的氐、羌，进扰唐州、县的危急形势。故末尾两句说：“终日忧奔走，归期未敢论。”

吐蕃进扰陇南、川西北氐、羌居住地区，在《旧唐书·吐蕃传》中亦有记载，说：“剑南西山又与吐蕃、氐、羌邻接，武德以来，开置州县，立军防，即汉之笮路。乾元（758～760）之后，亦陷于吐蕃。”唐代于今四川西部、云南北部置剑南道，其州、县多与吐蕃、党项等相邻，“安史之乱”后，

---

① 豪猪，也叫箭猪，肩至尾部密布长而刚硬的刺。兕，指雌性的犀牛。

② 《魏略·西戎传》。

“西山”诸州如维州、茂州、柘州、当州、悉州等（今四川阿坝藏族羌族自治州），首先陷入吐蕃之手，这一地区的氐、羌之民为吐蕃所控制。

在进攻唐朝州、县的吐蕃军队中，常常能见到有氐、羌之民在其中充任前驱，他们可能就是出自被吐蕃攻掠的陇南、川西北地区。唐代宗广德元年（763）十月，吐蕃自凤翔东进攻长安，史载其军队的浩大说：“吐蕃帅吐谷浑、党项、氐、羌二十余万众，弥漫数十里。”[①]其中即有不少氐人。代宗大历十一年（776）正月，唐剑南节度使崔宁，“大破吐蕃故洪等四节度兼突厥、吐浑、氐、蛮、羌、党项等二十余万众，斩首万余级”[②]。这里又见到有为吐蕃效命的氐族士兵。唐代吐蕃在向外扩张的过程中，占据不少唐朝的边郡，也掳掠了大量的汉族及其他民族的人口，其中大批的被充任于军队之中，为吐蕃王朝效命。被吐蕃攻掠的氐人，情况也大致如此。

唐代宗大历十四年（779），吐蕃发动三路进攻，“一入茂州，过汶川及灌口；一入扶、文，过方维、白坝；一自黎、雅过邛崃关，连陷郡邑”[③]。这次战役的结果，是使氐人较为集中的今文县、平武一带陷入吐蕃之手，当地氐、羌百姓遂为吐蕃统治。

吐蕃出兵时，富豪之家都随身带着奴仆，往往一家至十余人。公元9世纪中叶吐蕃内乱，奴仆们纷纷脱离主人，自相纠合，集为部落，称为“嗢末”或“浑末”。今文县一带亦有嗢末。《武阶备志·蕃夷》说：“嗢末者，吐蕃奴部也。其在阶、文等州者，皆与氐羌杂处，自分部族，中朝人总以西蕃名之，不复别其汉种唐种也。”即是说，吐蕃嗢末虽与氐、羌杂处，而其间却“自分部落”，不相混杂，但内地的人不加分别地总称他们为“西蕃”。这就是唐以后，氐族之名稀见于史籍的原因。

通过以上记叙可以看出，隋唐时期，陇南、川西北的氐人，除了进一步地融合于汉族之外，还有一个新的去向，那就是：由于受吐蕃的统治及与嗢末杂处，一部分氐人逐渐“吐蕃化”，也就是“藏族化”。他们与留下来的吐蕃人杂居互处，互为婚姻，互通语言，渐渐地具有了许多吐蕃人的特点。这也是何以中朝人总称他们为“西蕃”的重要原因。当然，这中间氐人如何藏

---

① 《资治通鉴》卷二二三，唐广德元年。

② 《旧唐书·吐蕃传》。

③ 《旧唐书·吐蕃传》。

化，哪一些地方的氐人藏化，哪一些地方没有，由于史籍缺载，已不能详指。

总之，唐以后，陇南、川西北残存的氐人，不是融合于汉族，就是融合于藏族之中了。融合于前者的，今天只能在那一地区内，找到一些姓氏、风俗上的遗迹。融合于后者的，由于两族在经济、文化的发展水平上，没有显著的高下之分，再加之自然环境的因素，因而这一部分氐人的后裔必定会保留较多的特点。

第八章　氐族的姓氏、婚姻及其语言

一、氐族的姓氏

姓氏，是研究民族史的一个重要问题。通常，一个民族的姓氏，具有不同于其他民族的特点。因此，了解姓氏的特点，有助于深入认识这个民族的历史。有关氐族的姓氏，仅姚薇元在《北朝胡姓考》中，论及过北朝时氐族几个主要的姓氏。因而，有必要对此作系统的论述。

以下按见载时间为序，详举史籍、碑铭中所见的氐族姓氏进行考述。

齐氏。《后汉书·南蛮西南夷传》说，“氐人大豪齐钟留为种类所敬信，威服诸豪”；同书《孔奋传》称齐钟留是武都氐人。西晋末，关中有“氐帅”齐万年领导各族大起义。前秦苻坚分封胤亲于诸镇时，曾以“九嵕氐酋、长水校尉齐午”为右司马。[①]后秦姚兴皇后齐氏、扶风太守齐益男、征虏齐难、中垒齐莫，后凉左卫齐从，似皆系氐人。北魏泰常二年（417）十二月，雍县“氐豪”齐元子等，拥部落遣使内附；又孝文帝太和四年（480）正月，“雍州氐齐男王反，杀美阳令，州郡捕斩之”[②]。

杨氏。杨氏为氐族大姓，追溯其源流是很早的。《宋书·氐胡传》说：“略阳清水氐杨氏，秦、汉以来，世居陇右，为豪族。汉献帝建安中，有杨腾者，为部落大帅。腾子驹，勇健多计略，始徙仇池。”是知氐族杨氏可追溯到秦、汉之际。西晋末，杨驹后裔茂搜建前仇池国，历经后仇池、武都、武兴、阴平诸国，均为杨氏嫡传。前秦《邓太尉祠碑》及《广武将军□产碑》，有军参事北地富平杨洸、建节将军杨□、广威将军杨参、杨山多、建威将军杨晌、录事杨头、寺门杨丑，部大杨小方、杨赤平、杨秀、杨光香、

---

① 《资治通鉴》卷一〇四，晋太元五年。

② 《魏书·太宗记》；《魏书·高祖纪》。

杨洛平[①]，当皆为氐人。

窦氏。汉献帝建安二十年（215）夏四月，曹操自陈仓出散关，至河池，“氐王窦茂众万余人，恃险不服，五月，公攻屠之”[②]。如前所述，晋惠帝永宁元年（301），在李特所更改的辛冉的布告中，有“氐叟梁、窦、符、隗、董、费”等。[③]前赵时，雍州有氐帅窦首。前秦左禁窦冲、将军窦洛、窦于，后凉吕光将窦苟、吕纂将窦川，似皆为氐人。此外，羌族亦有窦姓。后秦姚苌时，“南羌窦鸯率户五千来降，拜安西将军”[④]。

雷氏。汉献帝建安二十二年（217），刘备遣张飞、马超从沮道攻下辩，“氐雷定等七部万余落反应之”[⑤]。是知氐族有雷氏。而雷氏又为羌族大姓，前秦侍中丞相雷弱儿，史称“南安羌酋也”。后秦时，有“新平羌雷恶地”等。

强氏。建安二十三年（218）三月，蜀将张飞、马超败走汉中，“阴平氐强端斩吴兰，传其首”[⑥]。晋孝武帝太元十年（385）七月，前秦太子苻宏不能守长安，将数千骑与母、妻、宗室西奔下辩，为杨壁所拒。后，“宏奔武都，投氐豪强熙”[⑦]。氐族强氏在前、后秦中较多，如前秦苻生母强氏、左光禄大夫强平、特进光禄大夫强汪、特进强德、将军强永，后秦扶风太守强超等。存于今四川成都龙泉驿的叫《北周文王碑》碑主强独乐，亦似氐人。

苻氏。《梁书·武兴国传》说，“其大姓有苻氏、姜氏”。氐族苻氏，先为蒲氏。《晋书·苻洪载记》说，始其家池中生蒲，所以叫作蒲家。苻洪先称蒲洪，为宗人蒲光、蒲宗推为盟主。后因洪称尊号，又应谶文，“遂改姓苻氏”。不过，氐族苻氏并不自苻洪始。魏明帝青龙三年（235），“武都氐王苻双、强端帅其属六千余人来降”[⑧]。是知苻洪以前，氐人已有苻姓。氐族符氏，三国时有武都氐王符建，十六国成汉有氐人符成。[⑨]苻、符、蒲，古声均在并部，为同音异译字，原实属一姓。除前、后秦及仇池诸苻氏以外，北魏

---

① 马长寿：《碑铭所见前秦至隋初的关中部族》，第12—14页、24—25附页。以下所引两碑文字同此。

② 《三国志·魏书·武帝纪》。

③ 《华阳国志·大同志》。

④ 《晋书·姚苌载记》。

⑤ 《三国志·魏书·杨阜传》。

⑥ 《三国志·魏书·武帝纪》。

⑦ 《资治通鉴》卷一〇六，晋太元十年。

⑧ 《晋书·宣帝纪》。

⑨ 《华阳国志·刘后主志》；《华阳国志·大同志》。

时有宦官苻承祖，史称其“略阳氐人也”[①]。北周襄州刺史苻猛，临渭人，疑亦氐人。

隗氏。晋惠帝永康元年（300），流人首领李庠等附晋益州刺史赵廞，廞使庠断北道，庠与兄特、弟流、“氐符成、隗伯、董胜等四千骑在北门”[②]。次年，李特所改辛冉布告中，亦有氐叟隗氏。可见，隗属氐姓之一。

梁氏。晋惠帝永宁元年（301），前引李特更换辛冉布告中，梁姓居氐叟之首。西魏文帝大统九年（543）四月，清水氐酋李鼠仁据险作乱，“氐帅梁道显叛攻南由”[③]。是知氐族有梁氏。前秦苻生妻梁氏、车骑尚书令梁楞、左仆射梁安、中书令梁谠，《广武将军□产碑》的建威将军梁帝傒、书佐梁胡、贼曹梁詡，及后凉吕光将梁恭、吕他妻梁氏，似均为氐人。而羌人亦有梁姓，如西秦有南羌梁弋、北魏有宕昌羌王梁懃等。

董氏。隗氏条引《华阳国志》流民守北门的，有“氐符成、隗伯、董胜”。李特所改布告中，亦有氐叟董氏。是知氐族有董姓。前秦主苻生有嬖臣董荣，《广武将军□产碑》有立节将军董□、建威将军董平奴、录事董广、行事董远、功曹董隋、兵曹董耈、部大董白、丁议董成章等，其中多数为氐人。

单氏。匈奴刘渊称汉王后，“汲桑起兵赵魏，上郡四部鲜卑陆逐延、氐酋大单于征、东莱王弥及石勒等并相次降之，元海悉署其官爵”[④]。氐酋大单于征，又作“氐酋单征”[⑤]。司马光说：“《载记》作‘氐酋大单于征’。按当时戎狄酋长，皆谓之‘大’。征，即光文单后之父。于，衍字也。”[⑥]氐族单氏，暂见此一例。

毛氏。晋穆帝永和六年（350）八月，“（苻）健遣苻雄徇渭北。氐酋毛受屯高陵，徐磋屯好畤，羌酋白犊屯黄白，众各数万，皆斩（杜）洪使，遣子降于健”[⑦]。晋孝武帝太元五年（380）八月，苻坚以“抚军将军毛兴为都

---

① 《魏书·阉官传》。

② 《华阳国志·大同志》。

③ 《周书·氐传》。

④ 《晋书·刘元海载记》。

⑤ 《资治通鉴》卷八六，晋永嘉二年。

⑥ 《资治通鉴考异》卷四。

⑦ 《资治通鉴》卷九八，晋永和六年。

督河、秦二州诸军事、河州刺史，镇枹罕”。兴，“苻氏婚姻，氐之崇望也”[①]。前秦太傅毛贵、苻登妻毛氏，当均为氐人。北魏有毛遐，北地三原人，世为酋帅。孝明帝正光中，毛遐“与弟鸿宾聚乡曲豪杰，遂东西略地，氐、羌多赴之，共推鸿宾为盟主”[②]。毛遐世为酋帅，“氐、羌多赴之”，应是氐人。

徐氏。上引毛氏条，“氐酋毛受屯高陵，徐磋屯好畤”。又，北魏泰常二年（417）十二月，氐豪徐骇奴等拥部落三万遣使附魏。[③]据此，知氐族有徐氏。前秦《广武将军□产碑》碑阴有书佐徐双，似为氐人。又有《魏书·刘藻传》所载“氐豪徐成、杨黑等”。

吕氏。晋穆帝永和七年（351）正月，苻建即天王、大单于位，国号大秦。遂以“吕婆楼为散骑常侍”。“婆楼，本略阳氐酋也”[④]，其子吕光，字世明，“略阳氐人也”，说其先出自沛县吕氏[⑤]，当是附会汉高祖翁家的故事，不足凭信。前秦《邓太尉祠碑》有军录事冯翊吕骞，后秦有安定太守吕超，北周《建崇寺造相记》有龙骧将军、都督浙州刺史吕兴进（秦州人），似皆为氐人。羌人亦有吕姓，北魏正始三年（506）一月，“秦州羌吕苟儿、泾州屠各陈瞻等聚众反”[⑥]。

樊氏。前秦苻坚时有“特进樊世，氐豪也，有大勋于苻氏”。是氐族有樊氏。前秦《广武将军□产碑》碑阴有部大樊良奴，当为氐人。

王氏。晋孝武帝太元五年（380）八月，苻坚以“长水校尉王腾为并州刺史，镇晋阳”；腾，“苻氏婚姻，氐之崇望也”[⑦]。又，前秦“中山太守王兖，本新平氐也，固守博陵，为秦拒燕”[⑧]。前秦尚有中书令王鱼，《广武将军□产碑》有建武将军王柴、将军冯翊王买，部大王卯多里、王先多等，似皆为氐人。羌族亦有王姓，北魏有羌人王遇，“字庆时，本名他恶，冯翊李润镇羌也”[⑨]。羌姓王氏，系改自“钳耳”，时在太和（477～499）诏改胡姓之后，

① 《资治通鉴》卷一〇四，晋太元五年。
② 《北史·毛遐传》。
③ 《魏书·太宗纪》。
④ 《资治通鉴》卷九九，晋永和七年。
⑤ 《晋书·吕光载记》。
⑥ 《魏书·杨播传》。
⑦ 《资治通鉴》卷一〇四，晋太元五年。
⑧ 《资治通鉴》卷一〇六，晋太元十年。
⑨ 《魏书·阉官传》。

比氐族王氏出现要晚。[①]此外，匈奴人亦有王姓，后赵石勒时，“秦州休屠王羌叛于勒”[②]。

啖氏。晋孝武帝太元十一年（386），前秦枹罕诸氐以卫平年老，不堪大任，议废之而又惧其宗人强悍，连日不决，“氐有啖青者，谓诸将曰……”[③]。后秦姚兴时，“武都氐屠飞、啖铁等杀陇东太守姚回，略三千余家，据方山以叛”[④]。此外，杨难当有将名啖元、南朝宋有将名啖龙，亦属氐族。

魏氏。晋孝武帝太元十五年（390），“魏褐飞自称大将军、冲天王，率氐胡数万人攻安北姚当成于杏城”，“氐、胡赴之者首尾不绝”[⑤]。西魏恭帝三年（556），武兴氐反魏，围利州，“凤州固道氐魏天王等亦聚众响应”[⑥]。据此，氐族有魏氏。

仇氏。晋孝武帝太元十九年（394），氐帅窦冲、强熙、杨多等叛后秦姚兴。兴率军讨击，窦冲败走汧川，“汧川氐仇高执送之”。晋安帝义熙十年（414），李弘叛后秦，“贰原氐仇常起兵应弘”[⑦]。是氐族有仇姓。前秦又有尚书领选仇腾，或为氐人。北魏时，陇州氐豪仇傉檀、东益州氐豪仇石柱，曾起兵反魏，前已论及。此外，羌人亦有仇氏。宋文帝元嘉二十七年（450），杨文德自汉中西进，欲收复仇池。文德宗人杨高率众抗拒，被击败，“遁走奔羌”，“单身投羌仇阿弱家”[⑧]。

屠氏。啖氏条引有“武都氐屠飞、啖铁等”。氐族屠氏，暂此一见。

李氏。北魏拓跋珪天兴二年（399）三月，“氐人李辩叛慕容德，求援于邺行台尚书和跋”[⑨]。西魏大统九年（543）四月，“清水氐酋李鼠仁据险作乱”，赵昶前往慰谕，鼠仁遂归附。[⑩]

苟氏。晋安帝义熙十二年（416），杨盛遣兄子倦入寇长蛇镇，“平阳氐

① 姚薇元：《北朝胡姓考》，科学出版社1958年版，第324—326页。
② 《晋书·石勒载记》。
③ 《晋书·苻丕载记》。
④ 《晋书·姚兴载记》。
⑤ 《晋书·姚苌载记》。
⑥ 《周书·氐传》。《周书·豆卢宁传》作“魏大王”。
⑦ 《晋书·姚兴载记》。
⑧ 《宋书·氐胡传》。
⑨ 《魏书·太祖纪》。
⑩ 《周书·氐传》。

苟渴聚众千余"，据五丈原应倦。[①]是知氐族有苟姓。前秦苻坚母、妻皆姓苟，其将苟池、屯骑校尉苟苌、新平太守苟辅，后秦镇东苟曜，姚恢舅苟和，可能均系氐人。

焦氏。南朝齐高帝时（479～482），有右将军焦度，字文绩，史称"南安氐也"，其祖父焦珪，早先避难居仇池，元嘉中宋平仇池，父焦明与千余家迁居襄阳，遂归南朝[②]。此外，后凉吕光时有将军焦辨，疑亦氐人。

赵氏。北魏宣武帝正始三年（506），秦州羌吕苟儿反，氐王杨定进据守方山，与秦州起义相互声援。"焕密募氐赵芒路斩定进。"[③]此外，后凉吕纂母名叫赵淑媛[④]，亦当是氐人。

盖氏。西魏文帝大统十五年（549），秦州"氐帅盖闹"等相率起义。[⑤]是氐人有盖姓。前秦《邓太尉祠碑》有"军功曹宁戎盖周"，恐系氐人。而卢水胡亦有盖氏，宋文帝元嘉二十六年（446），"北地泸水人盖吴"于杏城举兵反魏。[⑥]

姜氏。《梁书·武兴国传》："其大姓有苻氏、姜氏。"北魏宣武帝时（500～515），有"武兴氐姜谟"；北周明帝武成年间，有"氐酋姜多"。[⑦]是知氐姓有姜氏。前秦苻洪母姜氏、苻健母姜氏，陇西太守姜衡、南巴校尉姜宇、秦州别驾姜平子、陵江将军姜飞，后凉将军姜显、尚书姜纪，仇池杨集始之母姜氏，或皆系氐人。此外，北魏时天水人姜胡、姜俭，汉中人姜永[⑧]，亦有是氐人的可能。羌族亦有姜姓，晋时，吐谷浑首领吐延，为"羌酋姜聪所刺"[⑨]。

此外，苻坚分封族类支胤于诸方要镇，尚"分幽州置平州，以石越为平州刺史"，以"大鸿胪韩胤领护赤沙中郎将，移乌丸府于代郡之平城"[⑩]。及

① 《晋书·姚兴载记》。
② 《南史·焦度传》。
③ 《魏书·李焕传》。
④ 《太平御览》引《十六国春秋·后凉录》。
⑤ 《周书·氐传》；《魏书·裴骏传》。
⑥ 《宋书·索虏传》。
⑦ 《周书·氐传》；《魏书·裴骏传》。
⑧ 张维：《陇右金石录·北魏君遐碑》；《魏书·苏湛传》；《魏书·江悦之传》。
⑨ 《晋书·吐谷浑传》。
⑩ 《晋书·苻坚载记》。

《广武将军□产碑》有部大韩秉世、参事韩荣、丁议韩友生、石寋等。故有人认为，前秦韩、石二氏当属氐族。[1]

以上，考述出氐姓：齐、杨、窦、雷、强、苻、隗、梁、董、单、毛、徐、吕、樊、王、啖、魏、仇、屠、李、苟、焦、赵、盖、姜，共25姓。韩氏、石氏，可进一步探讨。此外，可能因笔者疏漏，尚有确属氐姓而遗漏的。

根据上述，可看出氐族姓氏有如下特点：

首先，氐族姓氏多与汉姓相同。《魏略·西戎传》说，氐人“各自有姓，姓如中国之姓矣”。可见魏晋之际的氐族姓氏，已具有汉姓的基本特点。以上考述的姓氏中，汉姓如王、毛、吕、齐、李、赵、徐、梁、盖、董、焦、雷、魏等，占所列氐姓的一半以上。若以先秦姓氏为根据，则氐姓中的王、毛、杨、单、董、焦、樊、魏，皆属姬姓；吕、齐、姜为姜姓；李、赵、徐为嬴姓；窦为姒姓；屠为殷姓；隗为赤狄之姓；仇、苟、梁、盖、雷为中原侯、邑之名，后取以为氏，以后又演变为姓。看来，原属氐人姓氏的，仅强、啖、苻（蒲）三氏。当然，问题并非如此简单。有些姓氏，虽先秦时就已见于中原，但他们的原始居地却与氐人地区弥近。如吕氏，太公望名吕尚，周文王遇之于渭滨。后辅佐武王灭商有功，封于齐[2]，是知其原来的居地在关中西部。那么，姜姓吕氏不一定就是源出中原（春秋时河南有吕国），而可能是出于氐、羌先民之中的。所以，秦汉以降，既能在中原见到汉姓吕氏，也能在陇右见到氐、羌之姓吕氏。又如隗氏，通常称为赤狄之姓。但前已言之，隗实源于貇，而貇戎为氐人先民之一，因而亦不得断言氐族隗氏是源于赤狄的。

从整体上看，氐族姓氏还是取汉姓者居多。其中，又有两个特点。一是时代越晚，取汉姓的越多，姓氏出现的数量就越大。据以上统计，汉魏之间出现的氐姓只有六个，即：齐、杨、窦、雷、强、苻。很明显，这中间原始的氐族姓氏是占优势的。除强、苻可以确定是氐姓外，齐、杨二氏亦有可能系氐族原始的姓氏。两晋十六国时期，一方面氐族原有的姓氏继续出现，如隗、吕、樊、啖、仇、苟等；同时，氐人取汉姓的数量也增加很快，如梁、毛、徐、王、魏、李等。南北朝时，由于大部分氐人已经走上汉化的道

---

① 马长寿：《碑铭所见前秦至隋初的关中部族》，第32—33页。

② 《史记·齐世家》。

路，其姓氏已与汉族姓氏相混，故此间出现的原始氐姓和模取汉姓的数量都不多。二是地理分布上越靠近中原，氐人取汉姓的就越多；反之，氐人原始集中地的武都，氐人取汉姓的就相对少一些。根据以上统计，齐、杨、苻、雷、强、姜、啖、盖在武都出现的频率较高，在这些姓氏中，氐族的原始姓氏居多。而关中的陇东、渭北一带，氐族取汉姓的相对就多一些，如有窦、李、徐、梁、焦、魏、王、毛等。氐人多取汉姓的背景是十分清楚的，首要的条件就是两族在地理上的接近或两族的杂居互处。汉魏两晋十六国时期，氐族的不断内迁和汉族大批移居陇右和陇南，正好形成了汉族姓氏影响氐姓的首要条件。也正是因为有这个背景，才形成了氐、汉姓氏关系的第二个特点。

其次，氐族姓氏中仍保存有本族特色的姓氏。比较典型的有五例，即：仇、苻、啖、隗、强。其中，隗氏前已论述，姑可略去。其余四姓，以下略作考索。

（一）仇氏。中原仇氏，古已有之。《左传》有宋臣“仇牧”，《战国策》有“仇赫相宋”。但氐人仇氏，以陇右为多，尤以武都最著，当与中原仇氏无涉。依据仇氏多出武都这个条件，我们认为氐族仇氏当与仇池有关。仇池即水池，因山有天泽大池，故名仇池山（详后）。对此神奇的自然景观，氐族先民视之如神，对其顶礼膜拜；或引以为氐族部落之名及至人之名，皆有可能。若此，氐族之仇氏，如释其意则出自“水”之族。以山、水、虫、鸟作氏族部落之名，及至演变为姓名，在原始社会中，往往有之。氐族仇氏，即如此例。

（二）苻氏。苻氏始作蒲氏。蒲，《说文》：“水草也，或以作席，从草，浦声。”氐族苻氏始以蒲作姓，系以植物名入姓氏之类，反映了一种图腾崇拜的遗留。某支氐族先民可能曾以蒲为图腾，遂以为氐族部落之名，以后又演变为这支部落的后裔的姓氏。至西晋之末，苻洪等改蒲为苻，这才使蒲姓原来的含意被掩盖起来。

（三）啖氏。氐族啖氏，似因部落名称或地名而得姓。北魏有“啖提氏”，《宋书·氐胡传》说：“又遣文德伐啖提氐，不克。”则“啖提”当为部落名或地名。啖，《说文》：“噍啖也，从口，炎声”，作动词用。“啖提”作部落名或地名，其意暂不可解。

（四）强氏。先秦时，郑有大臣强鉏，赵有强国。强又通疆，晋有大夫疆剑，齐臣有疆氏。汉代有疆华。据此，强氏起源甚早，不始于氐人。但氐族强氏，似与中原强氏无关，而与地名“溛川”有联系。《晋书·乞伏国仁载记》说，炽磐“遣其左卫匹逵、建威梯君等讨彭利和于溛川，大破之”。“溛川”即今洮河上源，其地在今青海东南、甘肃临潭以西。溛川左右，多氐、羌部落。魏正始元年（240），魏将郭淮徙溛中氐人三千余户于关中。[①] 此外，有“西襁羌”、“南溛羌”等。[②] 依此，氐族强氏或得于溛川之名。

此外，姜氏亦当为氐族原始姓氏之一。据史书记载，姜姓之人，商周时为周姬之姻族，周人即姜嫄之后。姜嫄的原始居地，当在今陕西的岐山一带，与陇山甚为接近。《梁书·武兴国传》说苻氏、姜氏为其大姓。氐人姜氏与周姻族姜氏，似乎有着某种联系。虽然不能在周姜和氐姜之间画上等号，但氐姜来源亦甚早，这是没有问题的。

最后，齐氏、杨氏等也似为氐族本姓，有待进一步考证。

第三，氐族姓氏不同于羌族之姓。根据以上引述，王、吕、仇、姜、梁、雷、窦等七氏，为氐、羌共有之姓。其中，王、梁、雷、窦四姓，中原早已有之，可视作氐、羌皆模取之，姑可不论。至于姜姓，有人谓出之于羌。但此说若指古羌尚可从，若论汉魏之羌则不妥，因两者有本质区别，这已见前述。故秦汉以后羌人中的姜姓已非古姓，或是与氐人通婚的结果，或是取之氐人或汉人的。又仇氏，亦当是羌人取自于氐人。甘肃临潭境内，北魏时曾置有“水池郡”，后又改为“水池县”[③]。其实“水池”即仇池，系羌地地名受氐地地名影响之例。

除去以上六氏，从整体上看，氐、羌姓氏的区别是很明显的，这从两族具有本族特征的姓氏比例上可以看出。氐族的汉姓较多，占一半以上，较为原始的氐姓仅五六例而已。而魏晋南北朝时期的羌人姓氏，虽亦有不少的汉姓，但保留下来的原始羌姓，数量仍然不少，如钳耳、不蒙、莫折、同蹄、荔非、弥姐、罕幵、屈男、昨和等复姓。从这里，不仅可以看出氐族姓氏的汉化程度高于羌族，而且还可以发现，氐、羌姓氏是不同源的。其间最明显的特征，就是氐人没有复姓，而羌人是以复姓为主的。羌人的复姓，最早实际上是他们的名字，即《后汉书·西羌传》说的，“其俗氏族无定，或以

① 《三国志·魏书·郭淮传》。
② 《资治通鉴》卷一〇三、一二一。
③ 《魏书·地形志》。

父名母姓为种号”，这实际有点近似于彝族的父子联名制。与之相比较，氐族没有一例复姓流传下来，说明其先民未曾采用过父子联名制。从这一点上说，也可以补证氐、羌不同源之说。

以上氐族姓氏的情况，基本上属于汉魏晋南北朝时期，而先秦时期的氐人姓氏，因史书阙载，已不能列举。南北朝以后，绝大多数氐人已汉化，即使姓氏上有氐人之嫌，但从史籍上已不能详考。如：隋襄如县令吕瑞，秦州天水人；唐秦州刺史姜謩，秦州上邽人；兵部郎中强宝质，略阳人；大理卿强循，凤州人；万安县令毛祐，安定人。从他们的姓氏和籍贯来看，似属氐人后裔，但已不能追溯其源。还有一类是从姓氏上看当为氐人之后，但籍贯已有改变，这是魏晋十六国、南北朝民族迁徙的结果。如“啖助字叔佐，赵州人，后徙关中，淹该经术。天宝末，调临海尉、丹杨主簿。秩满，屏居，甘足疏糗”[①]。啖氏，唐以前仅见于氐姓，故啖助当为氐人之后。而他的籍贯已是赵州，如果不从姓氏上联系，已很难得知其先为氐族。

总之，隋唐时，关中和陇山东西的氐人，已基本汉化。在其姓氏、籍贯上，已看不出明显的氐族的特征。但以武都为中心的陇南及川西北地区，情况却略有不同。《武阶备志·蕃夷》说，氐族自北朝以后，聚落分散，“其种人留居武都者，有苻氏、杨氏、窦氏、强氏、苟氏、毛氏诸巨姓”。尤其是杨氏，在西魏灭武兴后，“其子孙流移叠、宕、沙、岷等州者，仍为酋豪，迄今千余年，世承不绝”。即是说，南北朝以后，氐族的主要姓氏，在今陇南地区仍能见到。尤其是氐族杨氏，直到千余年后的清代，在陇南仍为大姓，“世承不绝”。这是历史上少见的现象。就是今天，陇南的西和、成县、武都、文县，以及四川的南坪、平武一带，杨氏仍为民间大姓。这大概是氐族的遗踪之一吧！

二、氐族的婚姻

以下从婚礼婚俗、婚姻形态及与各族的婚姻联系等三方面，讨论氐族的

---

① 《新唐书·啖助传》。

婚姻。

《魏略・西戎传》说，氐人“嫁娶有似于羌”。载有羌族婚俗的史书，较早的要数《后汉书》，其中《西羌传》说，羌人氏族无定，以父名母姓为种号，“十二世后，相与婚姻，父没则妻后母，兄亡则纳釐㛮，故国无鳏寡，种类繁炽”①。这是指同姓亲属不通婚、纳后母寡嫂为妻。后一种“收继婚”在我国古代北方民族中较为普遍，如匈奴、乌桓、鲜卑、突厥等民族皆有流行。氐族在历史上属于西北民族的范畴，其婚俗中是否也有收继婚的内容，还有待进一步研究。

郭义恭《广志》说，羌人“嫁女得高资者，聘至百犊。女披大华毡以为盛饰”。不知氐人嫁娶之制是否如此，如是则汉魏之间氐人的婚俗还较为简略。至南北朝时，史书记氐人的婚俗和文化说：“婚姻备六礼，知书疏。”②这已是接受汉族影响后的情况，或者是史家的溢美之词。

此外，尚可从清代川西北少数民族的婚俗中，追溯氐人婚俗的一些细节。据《龙安府志・武备志》载，“番人”嫁娶，先是男家请人往女家说媒。如女方父母同意，则接受男方送来的布匹、肉食为定礼。然后，男家请僧人择吉日，宴请宾客。是日，女方父母、兄弟携女子同来，男方杀猪、备酒，招呼两家近亲欢饮。过一二日后，女随父母归家。二三年后，男家再次请酒如前。然后，该女留住男家，怀孕后则解去辮子及衣饰等，始被呼为妇人。这或许就是“婚姻备六礼”的具体含义。

从目前所见到的资料看，魏晋南北朝的氐族，主要实行族内婚。现以姻族为对象详述如下：

毛氏。苻登即位之后，“复改葬（苻）坚以天子之礼。又僭立其妻毛氏为皇后，弟懿为皇太弟”③。此氐族苻氏娶同族毛氏之例。

石氏。晋孝武太元十四年（389），“光妻石氏、子绍、弟德世至自仇池，光迎手城东，大飨群臣”；又，“光甥石聪至自关中，光曰：‘中州人言吾政化何如？’聪曰：‘止知有杜进耳，实不闻有舅’”④，则石聪为吕光姐之子。是

① 唐李贤注：“寡妇曰釐，力之反。”㛮，作嫂讲。

② 《南史・武兴国传》。

③ 《晋书・苻登载记》。

④ 《晋书・吕光载记》。

知氐族吕氏、石氏互为婚姻。

令狐氏。《魏书·氐传》说："千万孙名飞龙，渐强盛，晋武帝假平西将军。无子，养外甥令狐茂搜为子。"据此，杨飞龙姐嫁令狐氏，故有外甥茂搜。

杨氏。吕纂于晋安帝隆安四年（400）僭即天王位，是月"立其妻杨氏为皇后，以杨氏父桓为散骑常侍"[①]。《武阶备志·列女》说："苻丕皇后杨氏，仇池人，征东司马（杨）膺之妹也。"是杨氏嫁与吕氏、苻氏。又，晋穆帝永和十一年，杨毅弟宋奴，"使姑子梁式王"杀杨初。[②]则杨氏又嫁与梁氏。

苻氏。《晋书·苻坚载记》说："俄而（樊）世入言事，坚谓猛曰：'吾欲以杨璧尚主，璧何如人也？'"又，杨宋奴死后，子佛奴、佛狗逃奔苻坚。坚"后以女妻佛奴子定，以定为尚书、领军将军"[③]。是苻氏嫁与杨氏。

苟氏。《晋书·苻坚载记》说："其母苟氏尝游漳水，祈子于西门豹祠，其夜梦与神交，因而有孕，十二月而生坚焉。"又，苻坚于东晋升平元年（357）称大秦天王，改元曰永兴，追谥父雄为文桓皇帝，"尊母苟氏为皇太后，妻苟氏为皇后"。则苻坚母、妻皆出于苟氏。

拓跋氏。杨玄子保宗、保显投北魏，魏太武帝拓跋焘拜保宗武都王，"尚公主"[④]。此拓跋氏嫁于杨氏。又，杨难当孙杨大眼之妻元氏，亦为拓跋氏。[⑤]

刘氏。晋永嘉四年（310），刘渊"赦其境内。立其妻单氏为皇后，子和为皇太子，封子乂为北海王"[⑥]。此单氏，即氐酋单征之女。[⑦]此氐女嫁与匈奴刘氏之例。

赵氏。《太平御览》引《十六国春秋·后凉录》："（吕）纂母赵淑媛。"

张氏。《晋书·苻坚载记》说："坚大惭，顾谓其夫人张氏曰……"

姚氏。杨保宗既立，"难当妻姚氏谓难当曰：'国险，宜立长君，反事孺子，非久计'"[⑧]。此羌族姚氏嫁与氐族杨氏。又，后秦姚兴时，"立昭仪齐氏

① 《晋书·吕纂载记》。
② 《宋书·氐胡传》。
③ 《宋书·氐胡传》。
④ 《北史·氐传》。
⑤ 《魏书·杨大眼传》：杨难当逃魏后，于魏和平五年（464）死，其孙杨大眼长成后为北魏名将，官至中山内史等。大眼先娶潘氏，后娶继室元氏。《魏书·官氏志》："拓跋氏后改为元氏。"
⑥ 《晋书·刘元海载记》。
⑦ 《资治通鉴考异》卷四："（单）征，即光文单后之父。"
⑧ 《北史·氐传》。

为皇后”；姚泓时，姚恢叛，“恢舅苟和时为立节将军，守忠不贰”[①]。此氐族齐氏、苟氏嫁与羌族姚氏。

姜氏。苻洪母、妻皆出于姜氏，其“母姜氏寝产洪”[②]；洪第三子健，“母姜氏梦大罴而孕之”[③]。又，齐永明五年（487），有司奏：“（杨）集始驱狐剪棘，仰化边服，母以子贵，宜加荣宠”，结果，“除集始母姜氏为太夫人，假银印”[④]。以上，姜氏嫁与苻氏、杨氏。

梁氏。晋永和十三年（357），苻健卒，苻生即位，“尊其母强氏为皇太后，立妻梁氏为皇后”[⑤]。又，后凉吕纂叔吕他，其妻亦为梁氏。此梁氏嫁与苻氏、吕氏。

强氏。苻生“尊其母强氏为皇太后”。又，苻坚时有“特进强德，（苻）健妻之弟也，昏酒豪横，为百姓之患”[⑥]。是强氏嫁与苻氏。

樊氏。氐豪樊世问苻坚道：“杨璧，臣之婿也，婚已久定，陛下安得令之尚主乎？”[⑦]是樊氏嫁与杨氏。

潘氏。杨大眼的前妻为潘氏，史称：“大眼妻潘氏，善骑射，自诣军省大眼。”[⑧]

以上，得氐人姻族：毛、石、令狐、杨、苻、苟、拓跋、刘、赵、张、姚、姜、梁、强、樊、潘，共16氏。其中，不属氐族者：令狐、拓跋、张、姚、潘及匈奴刘氏，仅6例，占上列姻族的1/3强。而且，这6例氐人与外族联姻多是有条件的，如拓跋氏、潘氏，系投附北魏的氐人所娶；而张氏，为苻坚入主中原后所娶的汉妻。因此，从以上材料看出，魏晋十六国时期，氐族的婚姻形态主要为族内婚姻制，即嫁娶限于本民族之内；同时，具有同姓不通婚的特点。

内婚制，是起源于史前社会的一种婚姻形式。它以氏族外婚和集团内部通婚为特征，这种集团通常是指部落，即部落内若干氏族互相通婚；而不与

① 《晋书·姚兴载记》；《晋书·姚泓载记》。
② 《太平御览》引《十六国春秋·前秦录》。
③ 《晋书·苻健载记》。
④ 《南齐书·氐传》。
⑤ 《晋书·苻生载记》。
⑥ 《晋书·苻坚载记》。
⑦ 《魏书·杨大眼传》。
⑧ 《晋书·苻坚载记》。

部落以外的人通婚。这种内婚制的特点，还沿继到了阶级社会初期；不过，其范围已有所扩大，不止限于某部落或部落联盟，而是发展成以民族共同体为单位。譬如，公元前5五世纪雅典伯利克里时期，就曾以专门法律的形式规定过：禁止与“异乡人”结婚。[①]

根据以上的分析，可以看出，魏晋南北朝时期氐族的婚姻形态，还具有原始内婚制的某些特点。这一方面反映了氐族在大量迁往内地以前，其阶级社会的发展还不充分；另外一方面反映出，内迁氐族在周围汉族及其他民族的包围和影响下，如何顽强地实行民族内婚制，企图保持住自己的民族血统和特征。

但是，由于在实际生活中与汉族及其他民族的杂居互处、汉族文化的巨大影响，魏晋南北朝氐族的婚姻形态已经不是纯粹的内婚制。如上所引，自十六国初期起，氐人酋长就因为投附匈奴汉国，而把女子嫁给匈奴贵族。而前秦苻坚在统一北方之后，已不把自己仅视为“夷狄之君”，意在一统华夏，所以他带头破坏了氐族的内婚制，而正式立汉姓的张氏为“夫人”。

另一方面，由于历史和地理的原因，魏晋南北朝，氐族与羌族之间的通婚已开始变得十分频繁，以上资料中，就有氐人杨氏娶羌族姚氏，而氐人齐氏、苟氏嫁与姚氏的记载。氐、羌两族的通婚，在魏晋之前，可能已有较长的历史，这从两族皆有“姜”姓中看得出来。而十六国以后的南北朝时期，关中渭北及武都地区的许多氐人，都是与羌族通婚的。这一点，已见前述。但是，与羌族通婚的氐族，并没有因此保持住自己的民族特征。相反，经过南北朝、隋唐时期，关中渭北以及陇山东西氐、羌与汉族的融合，到五代、宋时，这些地区就很少能见到氐人的踪迹了。总之，在氐族与汉族及其他各族的融合中，婚姻关系，始终是一个重要的途径。

三、氐族的语言

氐族在汉、魏时期，仍然保留着自己的语言。《魏略·西戎传》称其“多知中国语，由与中国错居故也。其自还种落间，则自氐语”。可见氐语为

① 〔苏〕B.И. 科兹洛夫：《各民族的人口动态》，莫斯科，1969年，第315页。

一种特殊的民族语言，与中原的汉语不同。又说："其俗，语不与中国同，及羌杂胡同。"即言氐语不同于汉语，却与羌语及"杂胡"的语言相同。汉、魏间的杂胡，有湟中月氏胡、乌桓、卢水胡等。湟中月氏胡的语言"略与羌同"[1]，与羌语同属于汉藏语系；而乌桓、卢水胡的语言则属于阿尔泰语系。氐语既同于汉藏语系的羌语，如何又同于阿尔泰语系的胡语呢？《魏略·西戎传》此段文字当有讹文。

杜佑《通典·氐传》的首段文字主要是抄录《魏略》的原文，为："其俗，语不与中国及羌、胡同。"由此可见，《魏略》上引文前一"同"字为衍文，当作"语不与中国及羌、杂胡同"。即氐语与汉语、羌语及鲜卑语等，均是有区别的。[2]鱼豢撰《魏略》，并未对当时的氐语进行系统的搜集和研究，也不可能如今日的语言学家那样，对彼时的氐语、羌语及诸杂胡语进行语系、语族、语支的科学划分，因此有如上笼统的说法，是可以理解的。

尽管氐语与汉语、羌语都有区别，但从氐族活动的地域及与羌族的关系来看，氐语属于汉藏语系藏缅语族的范围是有可能的。《魏略·西戎传》谓氐人"自相号曰盍稚"，盍稚其意历来无解。而《晋书·苻坚载记》记苻坚称特进樊世为"老氐"，他说："必须杀此老氐，然后百僚可整。"以苻坚的氐人身份称氐豪樊世为"老氐"，正符合氐人"自相号曰盍稚"之例。盍稚上古音作 *gap-*dier，老氐上古音作 *ləw-*tier，可见稚就是氐，而盍可以对老。同时期的羌族也有类似的称法。后赵时，梁犊率东宫高力等士卒起义时，弋仲对石虎说："老羌请效死前锋。"又问："汝看老羌堪破贼以不？"[3]可见彼时羌人自相号作"老羌"。如前所述，氐与羌都不是自称而是他称，那么老氐（盍稚）、老羌之类，皆是内迁氐、羌依汉人所给的称谓，再加以"老"字而自相称之。这有点像汉人称匈奴为胡，而单于致汉朝书说"南有大汉，北有强胡"之类。[4]鱼豢为三国魏京兆人，内迁氐人自相号曰"老氐"，他当是有所闻的，而缘其音记作"盍稚"，是意料中的事。因此，盍稚很可能还不是氐人原始的自称。

---

① 《后汉书·西羌传》附《湟中月氏胡》。
② 马长寿：《氐与羌》，第17页。
③ 《晋书·姚弋仲载记》。
④ 《汉书·匈奴传》。

但我们从“老氐”对“盍稚”的关系中，发现了可以探讨古氐语的线索。依上，“老”的上古音*ləw是不能对盍之古音*gap的。按照通常的惯例，可以将其视为意译。这一点，是汉文史书用字规范化的原则在起作用。即《晋书》中的“老氐”、“老羌”，都是用规范化了的汉字，来译写氐、羌自称或相称时的口语。那么，盍（*gap）既有“老”之意，其原字是什么呢？此处可以借藏语来比较。按藏语 gɛ 为“老”；gɛpo 作“老人”（德格方言）。而盍之古音 *gap 与藏语 gɛ 是相近的。因此，“盍”为“老”之意当是成立的；只是因为氐语不属于汉语的范围，虽意通而读音有异。

还可从有关地名中，看出氐语与羌语、藏语的联系。《后汉书·南蛮西南夷传》说，白马氐“居于河池，一名仇池，方百顷，四面斗绝”。这里，河、仇对举，可见仇即河或水之意。仇，上古音作 ʑəu，今羌语河、水皆作 tsuə(桃坪方言)，藏语水作 tɕ‘ə（甘孜方言），白马藏语水作 tʃo。ʑ、tɕ‘ 均为舌面前音，一为塞擦音，一为擦音；ts 为舌尖前音。可见，仇池之“仇”就是藏语支中河或水字的译音，仇池即水池、河池。《汉书·地理志》武都条下说，“天池大泽在县西”。颜师古注：“以有天池大泽，故谓之都。”武都故城在今成县西北，其西即仇池山，“天池大泽”即在仇池山上。宋代的《仇池碑记》说，仇池山上“群谷环翠，流泉交灌，集而成池，广荫数亩，此世传仇池之盛”①。足见直到南宋时，仇池山上仍有一广渊数亩的天池。仇池之名，实缘于此。

又，《说文》，“絣，氐人殊缕布也”；“纰，氐人𦆽也”。絣，上古音作 *preng，纰作 *p‘jier。今羌语衣服作 p‘u；藏语套服作 puˀ（德格方言）。可见氐语的一些词根，与羌、藏语是相近的。从以上情况来看，似可以把氐语划入藏缅语族中。具体属于哪一语支，因材料太少，难以判定。

到南北朝时，氐语的使用范围已大大缩小。《梁书·武兴国传》说，氐人“言语与中国同”，反映了当时大多数氐人已经使用汉语文的情况。出现这种观象的原因，自然在于多数氐人，当时已经融合或正在融合于汉人之中。但是，在氐族聚居的甘肃陇南、四川西北一带，情况还不一样。在这里，估计氐语还继续使用了很长的时间。在今天川甘一带的藏语方言中，或许能找到古代氐语的一些痕迹。

① 《略阳县志·艺文部》。

附 录

从岷江上游的石棺葬说到“氐羌南迁”

——“藏彝走廊”早期民族迁徙研究

20世纪50年代前后，在四川阿坝藏族自治州岷江上游的汶川、理县和茂县一带，发现了一种石棺葬文化。从那以后，又有诸多的发掘和相关的论述。我在这里想说的是，石棺葬文化在川西北的出现应与“氐羌南迁”有关①。

石棺葬一般的结构，系用板岩或片麻岩打制成长方形的石板，嵌成长方形石棺。葬式一般为仰身直肢，但亦有少数二次葬。出土器物以一种桃核形口沿的双耳罐为主要特征，其余有单耳罐、高颈罐、杯、碗、三连罐、壶、纺轮等陶器。铜器有剑、戈、釜、鍪、盘、盾饰、手钏等，铁器有铜柄铁剑、矛、刀、锯、斧、铁钏等。此外还发现了粟类作物及黑、红、白三色麻布。有的墓里还出钱币，有秦半两、八铢半两、四铢半两、宣帝五铢等多种，故其时代大致是从西周一直延续到西汉晚期。石棺葬虽以岷江上游最为密集，但实际上分布遍及阿坝州的全部，近年来在黑水、松潘等地亦有发现。

川西北的石棺葬文化与分布于甘肃陇南地区的寺洼文化暨安国类型墓葬有许多相似之处。众所周知，寺洼文化的相对年代大概是从商代中晚期到西周初期。其安国式墓葬出土的陶器中，盛行一种马鞍形器口，这是该类型文化最有代表性的器物。在石棺葬出土的陶器中，经常可以看到相似的器形，只不过后者略加变化而成为一种桃核形口沿的双耳罐。其次，两种文化的葬式也有相同之处。寺洼、安国式墓葬为仰身直肢葬，而石棺葬亦同；寺洼、安国式多行“二次葬”，而石棺葬亦见有此种形式，唯数量较少一些，当是环境和信仰改变的结果。此外，寺洼文化、安国式类型的下限正好与石棺葬

---

① 需要强调的是，这里更多的是用的“氐羌”一词的泛称，它与文献中记载的某一支氐人或羌人尚有所区别。

文化的上限相承接，看来这不仅仅是一种巧合。俞伟超先生曾经提出："寺洼及安国式盛行的马鞍形器口在川北岷江上游的理县、茂汶羌族自治县一带的战国末至汉初的石板墓中的陶器上经常见到。寺洼文化早已被推定是氐羌的一支遗存，岷江上游的石板墓则应是冉駹的遗存，而冉駹也正是氐羌。岷江上游的石板墓同寺洼、安国遗存显然有前后相承的关系。"①

《史记·西南夷列传》谓冉駹在筰的东北，其地正当岷江上游区域。汉武帝元鼎六年（前111），在冉駹地区设置的汶山郡，郡治即在今茂汶境内，故似可将石棺葬视为冉駹一类民族的文化。史称："冉駹夷者，武帝所开。元鼎六年，以为汶山郡。……其山有六夷、七羌、九氐，各有部落。"②此言"七羌、九氐"，不一定是确切的比例，只是表示"氐"和"羌"是当地人数最多的民族，其次才是"夷"。关于汉代氐、羌在岷江上游的分布，还可以从西汉时在今松潘一带设立"湔氐道"得到证明。③

从以上考古遗存的相似性结合文献的记载来看，我们认为，所谓石棺葬应是氐羌族群的墓葬。而这些氐羌族群当是从陇南地区南下的，其迁徙的起始时间是从西周中后期寺洼文化逐渐消失之后，一直到春秋中期"秦霸西戎"之际。迁徙的原因，现在比较清楚的主要是两个：一是由于公元前10—前9世纪我国的气候出现了一个明显的寒冷期，迫使西北的氐羌族群南迁寻找更温暖、更适合生存的环境④；二是秦朝向西拓土封疆，迫使陇山左右的氐羌族群南下，迁入西南山地⑤。

此外，我们还可以引述民族学的资料，来说明石棺葬的主人属于"氐羌"族群。现在定居在茂汶地区的羌族，不认为石棺葬是他们祖先的遗留，而称之为"戈基人"墓。据说戈基人原为茂汶的土著，当羌人迁入这一地区时，曾与之发生战争，最后借助神之力，以白石和木根战胜了戈基人，所以羌族人至今崇祀白石。根据羌族民间故事《羌戈大战》的记叙，戈基人有以下特点：（1）从生理特征上看，人矮且壮，纵目有尾；（2）居丧制度方面，

① 俞伟超：《先秦两汉考古学论集》，文物出版社1985年版，第197页。

② 《后汉书·南蛮西南夷列传》。

③ 童恩正：《近年来中国西南民族地区战国秦汉时代的考古发现及其研究》，载《考古学报》1980年第4期，第434页。

④ 详见本书，第3—5页。

⑤ 《史记·秦本纪》：秦穆公三十七年（前623），秦"用由余谋伐戎王，益国十二，开地千里"。

居石洞，葬石棺；(3) 经济文化方面，戈基人知用牛曳犁耕田，善治水[1]。综合这些特点，可认为“戈基人”即南下的“氐羌”之人，以下略作分析。

所谓纵目者，《羌戈大战》讲：戈基人眼睛不能平视，平视则须埋头纵向，即把眼睛“棱起来看东西”。川滇交界处的纳西族《人类迁徙记》传说，讲到有“眼睛直生的天女美，眼睛横生的天女好”。在纳西象形文字中，直眼的写法和形象正是“纵目”的写照。而所谓“蜀”字，甲骨文的写法俨然也是一纵目人的形象[2]。《华阳国志·蜀志》说：“有蜀侯蚕丛，其目纵，始称王，死作石棺石椁，国人从之。故俗以石棺椁为纵目人冢也。”暂排开蜀人的起源不论，石棺葬为纵目人冢，这是一极有力之证据。据《古文苑·蜀都赋》章樵注引《蜀王本纪》说：“蚕丛始居岷山石室中。”蚕丛氏既居住石洞（室），又葬石棺，其人恰为纵目，均与传说之戈基人相合。《汉书·地理志》湔氐道：“《禹贡》岷山在西徼外，江水所出”。今茂汶叠溪城废墟北有蚕陵山，相传为“古蚕丛氏之国也”，其地正当岷江两岸石棺分布较密集的地区。可见这蜀之蚕丛氏也即戈基人一类；其人以虫为族徽，这正好也与文献所载氐族“乃虫之类而处中国”略同。

根据古史传说资料，蜀人应是由一支西北民族南迁到川西北以后，与当地土著融合而成的民族。《史记·五帝本纪》云：“黄帝……娶于西陵之女，是为嫘祖。……生二子……其二曰昌意，降居若水。昌意娶蜀山氏女，曰昌仆，生高阳。”

《史记·三代世表·正义》引《谱记》云：“黄帝与子昌意娶蜀山氏女，生帝喾，立，封其支庶于蜀，历虞夏商。周衰，先称王者蚕丛，国破，子孙居姚、嶲等处。”黄帝为北方炎黄集团的首领，其子昌意降居之若水，即今岷江[3]；昌意娶蜀山氏女，即是反映出一支从北方迁来的民族与当地土著民族融合起来；至周之衰，蚕丛氏始称王。这个时间表恰好与寺洼文化暨安国类型的衰落与石棺葬文化的兴起的时代相符，反映出氐羌族群南迁的时间，以及寺洼文化暨安国类型人群的去留踪迹。《蜀王本纪》载蜀王鱼凫“猎至湔

---

① 关于《羌戈大战》，参见马长寿《氐与羌》，第167—172页；林向《〈羌戈大战〉的历史分析》，载《中国历史论丛》，四川大学学报丛刊第20辑，第8—15页。

② 《陕西岐山凤雏发现周初甲骨文》，载《文物》1979年第10期，第43页，图版一一。

③ 何光岳：《卢戎考》，《民族研究》1982年第3期，第55页。

山，便仙去，今庙祀之于湔”。而以这个“湔”命名的“湔氐道”，地在今松潘县境。这里反映出蜀王死后，是要归葬于西北的，正好说明蜀人中有一支来源于西北，他们即是南迁的氐羌族群的后裔。

有趣的是，笔者曾赴陇南地区考察氐羌文化的遗迹，在甘肃西和县当地群众至今盛传“立眼人”的故事。这个故事讲，西和及其附近的百姓都是立眼人的后裔。他们对立眼人的解释是：立眼人的眼睛和常人不一样，是所谓“立立子”长相，天一下雨因无眉骨睫毛遮护，雨水便会浸激眼球[①]，这正与纳西象形文字的直眼人相同。有人认为所谓“立眼人”就是三只眼睛，是川西北白马藏人信仰的神的形象，如“白马老爷”、“马王爷”、“二郎杨戬”都是三只眼。李思纯先生曾经考证，二郎神杨戬就是氐人的狩猎神[②]。在西和县的十里乡有二郎坝，石堡乡还有二郎杨戬的“斩蟒洞”等。由此可见，这种“立眼人”的故事纵贯古今，地连南北，它应是氐羌先民的一种信仰特征，故得以在陇南川西北流传不衰。

此外，传说中的戈基人有尾，有学者把它与青海马家窑文化类型墓葬（M384）中出土的一件舞蹈纹彩陶盆上画的“有尾人”联系起来[③]，这是有一定见地的。实际上，寺洼文化暨安国式遗存的来源可以上溯到齐家、马厂乃至半山、马家窑文化，这些文化都可视为氐羌文化的先驱。[④]

另外说到戈基人的人矮且壮，也有一点线索可寻。据西和县修志办的人告诉我们：西和及陇南地区的人个头不高，与甘肃其他地区的人不同，而与四川人的个子、长相近似，今天这个地区的居民很多应是历史上氐羌人的后裔，这就间接说明了历史上的氐羌族群在体格上与南方人比较接近。日本学者藤堂明保认为“氐”（*tier → tier-ti）字最早的含义大概是指矮于汉人的牧民，最早的“夷”（*dier → yiei-yi）字也是一个站在高个子下面的矮人。因此，“夷”（*dier）、“氐”（*tier）也许是同源字，它们都表示身材矮小而且还未开化的人[⑤]。抛开文化的落后与否不论，从体格上讲，历史上的氐羌人个子大概是不高的，与南方人较接近。因而传说中戈基人的个子也不高，就不难

① 杜万鼎：《仇池探微话杨氏》，载《西和史志》第38期，1986年。
② 李思纯：《灌口氐神考》，载《江村十论》，第63—78页。
③ 林向：《〈羌戈大战〉的历史分析》，载《中国历史论丛》，第8—15页。
④ 俞伟超：《先秦两汉考古学论集》，第197页。
⑤ 藤堂明保：《关于羌族的几个问题》，载《亚洲学报》（英文）第16期，1969年，第46—47页。

理解的了。这也可视为戈基人即氐羌后裔的证据之一。

其次，从经济文化方面看，戈基人知牛耕、善治水的特点也正与氐羌之人合。《魏略·西戎传》载，氐人“善田种，畜养豕、牛、马、驴、骡”，即与“戈基人知用牛曳犁耕田”同。说到“善治水”，这亦与氐羌居住的环境有关。氐羌分布在秦陇巴蜀之间，山陵险阻，河流众多，溪谷回曲，加之岸石易于崩堕，故每年夏季河水暴涨，道路不通，至今如此。在这样环境中生活的氐羌之人，“善治水”是自不待言的了。

最后，戈基人居石洞、葬石棺，当与氐羌族群迁入西南山地后，利用当地易得的页岩石料作居葬之用有关。据笔者实地考察，今陇南、川西北地区，居民至今还利用石板作瓦盖房，这种石板系页岩山体自然形成，采制极易，故利用广泛。

综上所述，从西周后期开始，历经春秋战国，一直持续到西汉，不断地有属于氐羌族群的部落从西北方向南迁到了川西北地区。由于他们到来的时间有先后，文化有差异，部落有大小，所以被分别称为“戈基人”、“羌人”或“氐人”，实际上我们都应视其为广泛意义上的“氐羌之人”。而“氐羌南下”，无疑属于“藏彝走廊”早期民族迁徙活动之一。

（原载《藏彝走廊东部边缘族群互动与发展》，民族出版社2006年版）

试论巴人中的氐羌成分
——兼及土家族与白马人的语言习俗

关于巴人的民族成分，学术界有多种认识。或说巴人出自氐羌；或说巴部族是一个以地缘为纽带的共同体，其中有华夏族、蜑族、濮僚族、越族等。笔者认为，视巴人为包括许多民族成分的共同体是恰当的，但在这个民族共同体中，除有华夏、蛮蜑、越等族外，确乎还包含有氐羌族的成分。以下略加探讨，并请专家指正。

一

巴人的祖先，《山海经》卷一八《海内经》称为“大皞”（太皞），而《路史·后记》卷一说是“伏羲”。乍看是矛盾的，因为“大皞”是我国东方部族传说中的祖先，而“伏羲”则是西方部族的。但对于巴人来说，出于“大皞”的传说在先，“伏羲”在后，故可认为巴人最早属于东方的濮越部族，后来向西迁徙，融合了西方的氐羌部落，所以出现了族源上的两说[①]。

殷周之际，巴人的活动中心在江汉之间，春秋中叶以后，才迁入四川[②]。有西方部落加入巴部族联盟，当即在这个时候。

加入巴人部族联盟的西方部落出于氐羌，可从“伏羲”的传说中看出。《周易·系辞》正义引《帝王世纪》说，伏羲“生于成纪”，地当今甘肃天水、成县一带。而这一地区，自殷周至于秦汉魏晋，是为氐羌部族，特别是

---

① 参见李绍明《川东南为古巴国南境说》，载湖南湘西土家族苗族自治州图书馆编《土家族研究论文集》，1983 年，第 65—72 页。

② 参见董其祥《巴史新考》，重庆出版社 1983 年版，第 3 页。

氐人的分布中心。《魏略·西戎传》记："氐人有王，所从来久矣。自汉开益州，置武都郡，排其种人，分窜山谷间，或在禄福，或在汧、陇左右。"可知以"伏羲"为代表的西方部族主要是指氐羌的。

那么，本来居于西方的氐羌部族，什么时间，以何种缘由加入了巴部族联盟的呢？这与氐羌部落的迁徙有联系。

原来，氐羌系的原始部落都泛称作"羌"，甲骨文中就有"羌"字，是指生活在我国西北地区的游牧部落，他们与兴起于今陕西西部的周人有密切的联系。以后，周向东面发展，最终克商，就得到过羌人的帮助。《尚书·牧誓》记载随周武王会师牧野的西方八国中，就有"羌人"，其他如卢、微、髳等，也或与羌人相邻，或为羌人支系。周初分封，齐、许、申、吕就是对羌（姜）人的封侯。此外，未被分封的羌人部族也大量进入中原地区，如《后汉书》卷一一七《西羌传》称，西周、东周之际，"自陇山以东，及乎伊、洛，往往有戎"。《说文》卷四《羊部》称"羌，西戎牧羊人也"，即羌为戎主体。可见，殷周之际至于春秋时期，部分羌人已迁至黄河流域、汉水流域的一些地方。有人考证，"卢戎"源出西北地区，后迁陕西、河南，再迁至汉水流域，便可作为羌人东迁的例子①。此外，羌人自西北迁往豫、鄂、湘一带，还有语言上的证明，对此已有人根据西汉《方言》一书对"虎"的记载，作过研究②。

氐羌部落东迁至汉水流域的时期，与巴人在这个地区活动的阶段是同时的，所以说，一部分氐羌之人加入巴部族联盟，就在这个时期。

翻开地图看，从氐羌聚居的陕甘青一带至中南、东南地区，有汉水、嘉陵江两条水系可供迁徙之用。因而在殷周之际以至春秋的民族大迁徙中，出于氐羌系的部落沿上述两条水系而下，来到巴人所居的江汉之间，完全是有可能的。《说文》卷一二曰"巴蜀名山岸胁之旁箸欲落堕者曰氏"，"氏"通"氐"，可知氐羌系居民曾经南徙。

东迁的氐羌之人来到今汉水、嘉陵江中上游及下游丘陵地带以后，在

---

① 何光岳：《卢戎考》，载《民族研究》1982 年第 3 期，第 53 页。不过，笔者不同意"卢水即若水，今四川岷江"的观点，当另文详之。

② 参见张永言《语源札记三则》，载《民族语文》1983 年第 6 期。当然，本文所使用的"羌人"一词，系沿用古文献中的称呼，秦汉以前，它实际上是古代藏缅各语族的泛称，而与秦汉魏晋时期的羌人及今日四川境内的羌族有别。

这河湖港汊密布的地区，自然会在一定程度上改变过去的生产、生活方式，而主要地从事捕鱼、采集等活动。成书于战国时代的《山海经》说“有互（氐）人之国，人面鱼身，蛇乃化为鱼”，又说“氐人国在建木西，其为人，人面而鱼身，无足”[①]，就是反映的迁至河谷、丘陵地区的氐羌居民的生产、生活状况。

由上也可看出，氐羌移民汉水流域中下游地区加入巴部落联盟，还有双方在物质生产及文化上的相近作基础。《山海经》卷十《海内南经》说：“巴蛇吞象，三岁而出其骨。”可见巴人居于汉水流域时，也是以捕鱼等为主要生产活动，并以鱼或蛇为图腾崇拜的。

总之，活动时间、地点及生产、生活习俗上的相近，是氐羌之人加入巴部族联盟的可能条件。

氐羌加入巴部族联盟，可从巴子五姓之一的樊氏，探得基本的线索。

《后汉书》卷一一六《南蛮西南夷传》引《世本》云：“巴郡南郡蛮，本有五姓：巴氏、樊氏、瞫氏、相氏、郑氏。皆出于武落钟离山。”实际上，樊氏并非出于“武落钟离山”（一说在今湖北长阳县境内），而是出于今陕南汉中一带。据古文献记载，西周之世，有王室支系封于“樊”，“因命氏”焉，地当在镐京南。平王东迁，随至成周（洛阳）附近的“阳邑”，称“阳樊”。三家分晋，亡其国，部分族人徙于荆楚、夔巫之地[②]。此外，《巴郡太守樊敏碑》，也称其先“肇祖伏羲”，“含潜于岐”（今陕西岐山），后“厥土河东”（河南境黄河以北），至族人“或居于楚，或集于梁”[③]。可见，巴子五姓之一的樊氏不是出于武落钟离山，而是源于陕南的。

巴人中的著姓樊氏出于西北，当属事实，但其先是否出自“阳樊”，倒是值得怀疑的。因为先有“樊”地，后有樊侯，是知樊侯受封之前，早已有以“樊”为族号的人群在彼居住过。今湖北襄阳有樊城，正临汉水，可能得名于沿汉水而下的樊族。加入巴部族联盟的樊氏，应是出自这一批人，而他们可能即前述东迁氐羌中的一支。樊敏之先，或出于氐羌之“樊”，也未可知。

何以谓西北樊氏出于氐羌呢？一是陕南汉中之地，自古为羌戎所居，周

① 《大荒西经》卷一六；《海内南经》卷十。
② 《元和姓纂》卷四；《汉书》卷八七《扬雄传》。
③ 陆增祥：《八琼室金石补正》卷六。

王室封侯于彼，正是凭借与羌人的关系扩展疆土而已。二是樊氏为后世氐族中著姓，《晋书》卷一一三《苻坚载记》称“特进樊世，氐豪也，有大勋于苻氏”，前秦《广武将军□产碑》有“部大樊良奴”[①]。巴人樊氏，既源于西北，当为氐族樊氏支系。

自然，加入巴部族联盟的氐羌部落并非仅有沿汉水流域而下的一支。前面说过，从氐羌聚居地迁往东南，尚有嘉陵江水系可供利用。巴部族联盟中，居于川北、川东北地区的“板楯蛮”，就包括了出于氐羌系的部落。

《华阳国志》卷一《巴志》说：“宕渠盖为故賨国，今有賨城、卢城。”板楯蛮七姓有罗氏，《蜀都赋》李善注引《风俗通》作“卢氏”，知罗氏为后起，恐为音近而改。而卢城是因卢人所居得名，前面说过，春秋时有卢戎自西北迁至汉水流域，后灭于楚，故又有学者认为，宕渠之卢城为卢人所徙之地[②]。考虑到楚之势力未必能及于川北一带，似可认为宕渠卢人本与江汉之卢戎同源，但后来迁徙之地不一。无论作何解释，西北戎族曾迁至川北，后为板楯蛮著姓之一，当属事实。

板楯蛮之中，除卢（罗）氏出自氐羌族外，还有朴姓一支。“朴”同于“蒲”，也即前秦苻坚之“苻”[③]。苻氏为氐族大姓，板楯蛮之朴姓应为其分支，只是记音用字有异而已。

总之，巴人部族中的板楯蛮一支，其地距氐羌的分布中心陇南不远，其间有今嘉陵江水系贯通，又有地名、姓氏上的联系，所以，我们认为板楯蛮中，应有氐羌系部落窜入。

二

除了借助历史文献可以证明巴人中有氐羌的成分外，还可以从两族后来发展的线索得出相同的证明。

前面讲过，殷周之际乃至春秋，巴人活动的中心主要在汉水流域，后来

---

① 马长寿：《碑铭所见前秦至隋初的关中部族》，第 24 页附。
② 邓少琴：《巴蜀史迹探索》，四川人民出版社 1983 年版，第 72—73 页。
③ 徐中舒：《论巴蜀文化》，四川人民出版社 1982 年版，第 101 页。

因楚的侵逼，才西迁进入今四川。但是，一个包括多种民族成分的部落联盟，无论作何种形式的迁徙，都不会全体部落一朝消失干净。因而，汉水流域完全可能遗留有巴人的部落。后来，他们或并于楚，或迁于楚之西南，即从鄂西进入湘西地区，成为今日土家族的来源之一。再以前揭“卢戎”为例，有人已考证出其由鄂西入湘西的大致路线和时间①。而我们推测，这一支“卢戎”曾在汉水流域加入过巴部族联盟。

另一方面，进入四川建立巴国的巴部族联盟，强盛之时，川东南、湘西北皆为其南境②。后来秦国灭巴，一些巴人退入这一带，亦成为今日土家族的先民之一。

前文讲过，巴人活动在汉水流域时，以及进川以后，都有氐羌系的部落加入其中，那么，无论巴人以何种形式、路线进入湘西，都会有氐羌系的部落相随。而且从今天湘西土家语属藏缅语族，以及湘西土家族的风俗多类似巴部族联盟中板楯蛮一支的情况看③，可以认为，进入湘西的氐羌部落不在少数，否则，就无法对其特定的语言、风俗现象，作历史的解释。

那么，历史上氐羌系的部族，特别是氐族的分化、遗存又如何呢？我们知道，今四川省平武县、南坪县及甘肃省文县一带，居住着一支被称为“白马人”的居民，新中国成立后，他们多次反映过要求定名为“氐族”的意愿。一些专家、学者从地理分布、历史渊源、风俗习惯等方面进行研究，多数认为“白马人”确为历史上氐族的后裔④。

既然湘西土家语与白马人都与历史上的氐羌族有渊源关系，那不妨将双方的语言、风俗等情况作一番对比。如果能找出一些共同点，则可从逆向上证明巴人中有氐羌成分这一事实。

据研究，土家语从藏缅语中分化出来是殷周之际稍前一点的事情⑤，前文所示西北氐羌向东南迁徙的历史事实，正好与之相符。但是正因为土家语从

---

① 石应平：《土家族族源探索》，载《西南民族学院学报》1985年第3期，第15—16页。

② 参见李绍明上引文，第65—66页。

③ 参见彭英明《试论湘鄂西土家族“同源异支”——廪君蛮的起源及其发展述略》，载《中南民族学院学报》1984年第3期。

④ 参见四川民族研究所编《白马藏人族属问题讨论集》（1980年），其中如：徐中舒、唐嘉弘《川甘边区白马人属古氐族说》，缪钺、杨耀坤《对“白马藏人”族属问题的探讨》等。

⑤ 〔苏〕伊茨著、冯思刚译《南亚南部民族史》引C.E.雅洪托夫：《语言起源年表和汉藏语系》，四川民族出版社1981年版。

原始藏缅语中分化出来甚早，所以，它不可能具有后者后起的一些特点。因此，要想寻找出它与今日藏缅语族某语言有许多共同点，是比较困难的。另一方面，“白马人”的语言，即使保留了历史上氐族语言的某些基本特征，也会因为由于民族杂居带来的语言同化现象，而变得模糊不清了。因此，以下所作的对比，并非想证明土家语就等于白马语，而只是想揭示两者尚存的一些基本的、有别于藏缅语族其他语言的共同特征。

首先，比较土家族与白马人的自称和姓名。

土家族自称“毕兹卡”（pi13 tsi55 kha31），白马人自称“贝”（pe53）①。两族自称使用的都是双唇音（p），这就值得注意，在更早的历史时期，两族的自称之间可能有一定的联系。

从姓氏方面看，湘西土家族有向、黄、汪、张、田、杨、彭氏，白马人有杨、班、田、曹、余、刘、王等姓②。其中，杨、田二姓是双方共有的。白马人之杨氏应与历史上著名的“仇池杨氏”有关；而土家族之杨氏，与巴人中从樊（阳樊）氏分化出来杨氏似有关系③。其他姓氏间的联系与演变，俟做进一步的研究。

其次，从语音上看。

土家语的声母、韵母系统与白马话相比，要简略一些。这种现象，符合土家族中的氐羌先民迁徙较远、语言演变较快的历史背景。但从双方的语言系统可以看出，特别是声母方面，一些基本的发音是双方共有的。一个显著的特征是，两种语言的鼻化韵母的出现，条件极其相似。土家语中，当n出现在音节末尾时，这个词就要读作鼻化韵母。如：phan55“遇”，读phã55，thon13“开”，读thõ13，等等。同样，由于白马话没有辅音韵尾，因此他们读汉语借词中带韵尾n、ŋ的词，往往将韵尾脱落或读成鼻化元音。如“皇历”读xua13lie35，“烟袋”读ia13ŋgɛ341。

土家语与白马语在语音上相似的另一点，是复合元音的组成。土家语中，e、ɤ与o元音韵母前面分别有明显的i、ɯ、u介音；而白马语的复合

① 田德生：《土家语概况》，载《民族语文》1982年第4期；孙宏开：《白马人的语言》，载《白马藏人族属问题讨论集》，第15—25页。以下语言资料未注出处者，皆同。

② 谢华：《湘西土司辑略》，中华书局1959年版；尚理、周锡银等：《论“白马藏人”的族属问题》，载《白马藏人族属问题讨论集》，第9页。

③ 《元和姓纂》卷四；《汉书》卷八七《扬雄传》。

元音，主要是以 i、u、y 作介音，与主要元音结合成的后响复合元音。土家语在元音韵母前有介音的复合音比白马语少得多，与它比后者演变较快的情况相符。

第三，土家族与白马话的基本词汇比较。

两种语言中的基数词、代词、名词和动词中的一些日常生活用语，最能够反映两者之间是否有同源关系。依据这个原则，我们从土家语和白马话中选择了一些基本词，作为比较。

土家语	白马语	汉义
ne55	ȵi341	二
so55	so 53	三
ŋɑ13	ŋɑ35	我
ko55tsho55	ȵgɐ53	头
se31	ʃo53	屎（尿）
pho13ka 13	pe13gɛ341	老师
mi55	ȵɛ53	火
tshe31	tʃho 53	水
nɑo31	ȵyɛ35	太阳
ʑe31	ndʑe35	粮（米）
khu55	khɐ53	烤
kha55the55	kha13ʃi53	犁

如上所示，土家语和白马语在一些最基本的词方面，是很相似的。应该说，属于藏缅语族的土家语，与藏语、羌语特别是彝语有相近的常用词汇，是理所当然的，但仅就上例词汇来说。土家语更接近白马语，而与彝语差别较大。如凉山圣乍彝语，“头”作 i33tɕʻi33，“尿”作 zʅ33，“水”作 ʒi33，“火”作 mu31tur55，“太阳”作 hɔ33bu33，“做”作 mu33，“犁”作 sʅr33gur55 [①]，等等。

① 王静如：《关于湘西土家语言的初步意见》，《中国民族问题研究集刊》第 4 辑（1955 年），第 149—164 页。

第四，两者在语法上的相似之处。

土家语可在名词后附加 te55 表示复数，用在称人名词后面是“们”的意思，用在其他动物和事物名词之后则带有“群”或“些”之意。例如：pho13ka13te55“先生们”，pu55tsho31te55“客人们”，xa55le31te55“狗群”。白马语同样有名词“数”的语法范畴，而且也是在名词之后加助词 te35 表示双数。本来作为藏缅语族的其他一些语言，如藏语、羌语等，也可在名词后加上附加成分，表示复数，但它们所加为 tsho53、xu33[①]，与土家语、白马语所加的 te 不同。

量词。土家语的量词比较丰富，可分为物量词和动量词两类。同样，白马话的量词也较多，除借用名词表示量以外，还有相当多的专用物量词，也有一些专用的动量词。

动词。土家语动词有时态的语法范畴，其表达方法是在动词韵母后加元音 I 或加助词 ɸu55、la55、liao55 等，分别表示将行时、拟行时、进行时和完成时。这一点，白马语的表达方式也基本相同。

土家语的形容词可以带叠音的后附音节，表示程度的加深，例如：βan31ka55ka55“黄黄的”，a13si13tɕhin31tɕhin31“新崭崭”。同样，白马话也可以在表示颜色的形容词之后，加上不能独立运用的藻饰词，表示颜色程度的变化。

最后，土家语与白马话的基本语序相同，即：主语—宾语—谓语。名词、代词作定语时，都放在中心词的前面；形容词、数量词作定语时，放在中心词的后面。

总之，从土家语与白马话的语音、语法、词汇等方面的对比来看，这两种同属藏缅语族的语言，有一些共同的特点。而且这些共同点中，有区别于彝语的，也有区别于藏语的。如两者共有的“鼻化元音”就与彝语相异[②]，而量词、形容词的某些用法，又与藏语相异。同语族的两种语言之间，出现一些共同的特征，可以从两个方面去解释：一是反映出双方在历史上有一定的亲缘关系；二是由于两族在地理上接近，互相影响的结果。从土家族、白

---

① 金鹏主编：《藏语简志》，民族出版社 1983 年版，第 33 页；孙宏开编：《羌语简志》，民族出版社 1981 年版，第 72—73 页。

② 王静如：《关于湘西土家语言的初步意见》，《中国民族问题研究集刊》第 4 辑（1955 年），第 141 页。

马人的分布来看，一个在川、鄂、湘、黔数省交界处，另一个在陇南、川西北，颇有风马牛不相及之感。因而，说明共同语言特征的第二条途径是行不通的。只有认为土家族（特别是湘西土家族）的某些先民与白马人的祖先——氐族有亲缘关系，才能正确地说明以上语言现象。而这一点，前文已做过基本说明。

三

土家族与白马人除在语言上相近外，两者在宗教信仰、生活习俗等方面，也有一些类似的特征。

信仰。土家族的信仰，是多神崇拜，信鬼崇巫。如湘西土家族敬奉灶神、土地神、牛王菩萨、五谷神、太阳神等，并有祖先崇拜①。白马人也是多神崇拜，如土地神（地母）、山神、水神、火神、树神等，也祭祀祖先即家神②。可知，多神崇拜和祭祀祖先，是土家族与白马人共同的信仰特征。

禁忌。土家族每家都烧有一个火塘，内置铁三足架，平时禁止随意移动，每年只能在年三十那天动一次，以后就固定下来，还不能以脚去踩。白马人认为屋中火塘是火神所在，铁三足架也不能用脚踏踩。

节日。土家族最隆重的节日要数“岁正月”的“杜巴节”（有的地方称“调年”），从正月初三到初七，姑娘们穿上节日盛装，小伙子背上鸟枪大刀，老人孩子带着水酒、猎物等供品，围着篝火起舞。白马人在春节初一各寨本家族的几家聚会后，从初二起，各家轮流宴请，晚上跳“火火”，即围绕火堆跳圆圈舞。

丧葬。过去湘西土家多行火葬，同治《来凤县志》卷二八《风俗志》就记载：“以前土民间有同姓为婚及停丧火化等恶习。”结合民间传说，土家族的同志曾做过调查，证明属于事实③。火葬也是白马人的重要丧葬形式之一，

① 《湘西土家族苗族自治州概况》，湖南人民出版社1985年版，第19—23页；《湘西土家族》，载《吉首大学学报》“民族问题专刊”（1981年），第90—100页。以下湘西土家族资料同此。

② 四川省民委民族识别调查组：《“白马藏人”调查资料辑录》，载《白马藏人族属问题讨论集》，第135—148页。

③ 彭武文：《从葬俗特征论述土家族的族源》，载《湖南少数民族研究》1983年第1期。

古代氐羌之人实行火葬，是有文献记载的，如《荀子·大略篇》说："氐羌之虏也，不忧其系垒也，而忧其不焚也。"因而，似可认为土家族、白马人的火葬习俗，都与古代氐羌人的火葬有某种联系。

居住。土家族的住房多依山建筑，即吊脚楼式，楼下作猪栏、厕所，楼上住人。白马人的住房多为典型的土墙板房，一般建三层，楼下关牲畜，中层住人，上层堆放粮草、什物等。这两种建筑，实际上皆类似《南齐书·氐羌传》所载氐人"板屋土墙"的形式。

服饰。湘西土家族妇女喜在头上插"鸡羽"、"雉尾"，未嫁者，以海螺为数珠，挂在颈上。白马人不分男女，亦在帽上插白鸡尾羽一二支，妇女已婚、未婚皆喜在衣服上挂海贝、鱼骨等。此外，土家族与白马人在衣料上都喜好青色和白色。如湘西土家族，无论老年青年男性都爱包青头帕，姑娘们喜包青丝头帕，青蓝布裤加白裤腰，裤脚亦镶青边。白马人的服饰，《龙安府志》说："番民服色，男多穿红毪衣，衣领暨下脚边，具有青花布。"湘西土家族与白马人尚青、白色的习俗，可能与古时氐人的服色有关。《魏略·西戎传》说，氐人"其种非一，称槃瓠之后，或号青氐，或号白氐，或号蚺氐……人即其服色而名之也……其衣服尚青绛"。可知古代氐人尚青、白二色，并以为号。

四

属于汉藏语系藏缅语族的各个民族，主要生活在我国西部和西南地区，仅土家族居住在湘、鄂、川数省交界处。从语言发生学的意义上看，同属一个语系，特别是同属一个语族的各民族，在历史上，应有较近的"亲属关系"。以此，不能不认为：土家族的主源之一来自西部地区。

在我国历史上，从殷周之际到春秋战国，是一个民族大迁徙、大融合的时期。其中，以氐羌为主体的西方戎族向东、向南迁徙，是主要的内容之一。今天的土家语，正是在这个历史时期中，从原始藏缅语族中分离出来的。它表明，一批朝东南方向迁移的氐羌人，成为了土家族的先民之一。

在上述历史阶段中，一个被称作"巴"的部族联盟，正好活动在由西北去中南的中间地域上。因此，东南迁的氐羌部落先加入了“巴”，以后才进入湘西地区。这种观点，不仅有历史文献可作根据，而且，拿土家族的语言、民俗资料与历史上氐人的后裔，今川西北、甘南的白马人对照，其间颇有相似之处。这为土家族主源于氐羌、中介就是巴人的观点，提供了有力的证据。因此，说巴人中有氐羌成分是有根据的。

附记：拙文截稿后，偶得读邓廷良《巴人族源试探》一文。邓文力主巴人出于氐系，并说：“八三年冬，彭武一过敝庐，相与论及土家语及白马语。二者亦殊多相类，如语法结构全同，称家、族为‘卡’等。”是知有与拙文观点“不谋而合”者。

（原载《巴渝文化》第1辑，重庆出版社1989年版）

试论氐与蜀的关系

关于氐与蜀的关系，目前史学界大致有三种认识。一是认为，在远古时代，有一支以经营农业为主的民族从川西高原进入成都平原的边缘，成为蜀族的祖先，这支民族即氐族。另一种看法是，氐人只是与蜀地有联系，岷江上游的石棺葬，是为氐人的遗留。第三种看法，也有人认为氐与蜀没有直接的族源关系。以下，试对这三种看法进行评述。

一、关于氐、蜀同源论

持这种观点的学者认为，所谓“氐”就是“氐地之羌”。远古之时，氐、羌原可能是一种民族，他们活动在黄河上游。以后，羌族中的一部分逐渐改变了游牧的习俗，而开始经营农业。随后一支南徙成为蜀族的祖先。在四川阿坝藏族羌族自治州的理县和汶川县境内，曾发现与甘肃马家窑文化相类似的石斧、石凿和彩陶，可能即和这种南下的民族有关系。根据古文献记载，蜀王蚕丛氏等“居石室”，而《后汉书·南蛮西南夷传》记载岷江上游的氐、羌之民，亦是“依山居止，累石为室”的。因此，南下的氐人当是蜀的先民①。

但是，根据现有的研究，氐人的出现至多能追溯到春秋时期②。而“蜀”作为方国名称，早在甲骨文中已见记载，如“至蜀”、“征蜀”、“伐蜀”等③。近年来，四川广汉三星堆遗址的发现表明，在川西平原有一支自成系列

① 童恩正：《古代的巴蜀》，四川人民出版社 1979 年版，第 56—57 页。

② 参见本书第一章“先秦时期的氐人”。至于《诗·殷武》“自彼氐羌”中的“氐”，据考证为商代地处今豫西的某方国，与后世居住在陕、甘、川数省交界处的氐族没有关系。

③ 见《殷虚书契前编》8.3.8；《殷虚书契后编》2.27.7；陕西周原考古队：《陕西岐山凤雏村发现周初甲骨文》，《文物》1979 年第 10 期。

的土著文化存在。这种文化的上限是新石器时代晚期，下限至商末周初或略晚，其居民当即甲骨卜辞中的“蜀”[①]。此外，在《尚书·牧誓》八国中，亦见有“蜀”，顾颉刚先生认为在汉水流域[②]。联系三星堆遗址的情况，似可认为商周之际，蜀人已向北发展。这些有关蜀人的记载，均在氐人出现以前，因而说氐为蜀族的祖先似不能成立。

至于氐人与蚕丛氏等皆居“石室”的问题，亦需加以分析。史书所载“依山居止，累石为室”的冉駹夷，“其山有六夷、七羌、九氐，各有部落”[③]，因冉、駹两个部落集团最大而得名。故此，不能把居住石室简单地归结于氐人的习俗。据研究，冉駹夷“累石为室”与《隋书·附国传》记载的“垒石为碉而居”同，可认为汉代的冉駹即隋唐的嘉良夷，亦即近代的嘉戎。此族由西藏琼都迁出，系藏族之一种，与氐、羌皆不相同[④]。

笔者认为，“依山居止，累石为室”，反映了一种特殊的建筑风格和居住习惯，它的出现与地理自然环境有关，而并不一定为某民族所固有。根据文献记载，不止汉代的冉駹、隋代的嘉良夷居石室，唐代黎、邛二州附近的凌蛮、三王蛮，亦“叠甓而居，号碉舍”[⑤]。今四川茂、汶、理三县，以岷江为界，自岷江以东多屋宇，以西多碉楼，且愈西而碉楼愈多，从杂谷脑至大小金川，凡嘉戎居住之区，无不以碉楼为其建筑之特征。以民族论之，岷江以西居碉楼者有嘉戎，亦有羌人[⑥]。因此可以说，是否居石室或碉楼，不能成为判别一个民族的标准，这是由于岷江以西的自然地理环境造成的。此地区多山，为板岩或片麻岩构造，易剥落、加工，可用以盖房、铺路等。同样由于这种条件，从战国、秦汉以来，这一地区流行一种石棺葬，它是当时居住于这一地区的氐、羌、夷等各族居民共有的一种葬式，而非某个民族仅有[⑦]。因此，即使“蚕丛始居岷江石室中”[⑧]的记载是可信的，也只能说明蜀人的一支蚕丛氏最早

① 四川省文物管理委员会：《广汉三星堆遗址一号祭祀坑发掘简报》，《文物》1987年第10期，第14页。

② 《史林杂识初编》“牧誓八国”，中华书局1963年版。

③ 《后汉书·南蛮西南夷传》。

④ 马长寿：《氐与羌》，第25—27页。

⑤ 《新唐书·南蛮传》。唐代凌蛮、三王蛮为彝族而非氐族，已在马长寿《氐与羌》第25页指出。

⑥ 马长寿：《氐与羌》，第27页。

⑦ 秦汉时，岷江上游分布的民族主要是冉駹夷。《后汉书·南蛮西南夷传》记载，冉駹夷“其山有六夷、七羌、九氐，各有部落”。

⑧ 《古文苑》卷四扬雄《蜀都赋》章樵注引《先蜀记》。

生活在岷江上游一带，而不能以此认为其与氐人有族源上的联系。

二、关于石棺葬的族属

有学者认为，在岷江上游的汶川、理县和茂汶一带发现的石棺葬，由于出土的陶器中有一种类似寺洼及安国类型的桃核形口沿的双耳罐，加之史书谓冉駹，“其山有六夷、七羌、九氐”，便认为岷江上游的石棺葬是氐人的遗物①。

这里有必要对岷江上游石棺葬的基本情况作简单回顾。首先，在年代上，由于墓内出土了秦半两、八铢半两、四铢半两、宣帝五铢等，故可认为其时代大致是从春秋战国一直延续到西汉晚期。其次，在地域上，从松潘县以南，西北到黑水，东达茂汶的甘沟，西到理县杂谷脑河两岸，南到汶川县绵虒一带，均有发现。其中，茂汶是分布的中心。第三，葬式一般为仰身直肢葬，亦有少数二次葬。最后，出土器物有陶器、铁器、铜器等，而以一种桃核形口沿的双耳罐最具特色，此外还发现了粟类作物及黑、红、白三色麻布等。

众所周知，寺洼及安国式墓葬中出土的陶器中，盛行一种马鞍形器口的双耳罐，这是该文化类型最有代表性的器物。在石棺葬出土的陶器中，经常可以看到相似的器形，只不过后者略加变化而成为一种桃核形口沿的双耳罐。其次，两种文化的葬式也有相同之处，寺洼、安国式墓葬多为仰身直肢葬，与石棺葬同。又，寺洼和安国式有“二次葬”，而石棺葬亦见此种形式。最后，寺洼文化和安国式的时间下限正好与石棺葬的上限相承接；两者分布的中心甘肃陇南和四川西北，在地域上也相毗邻。俞伟超先生曾经指出：“寺洼及安国式盛行的马鞍形器口，在川北岷江上游的理县、茂汶羌族自治县一带的战国至汉初的石板墓中的陶器中经常见到。寺洼文化早已被推定是氐羌的一支遗存，岷江上游的石板墓则应是冉駹的遗存，而冉駹也正是氐羌。岷江上游的石板墓同寺洼、安国遗存显然有前后相承的关系。”②

---

① 林向：《〈羌戈大战〉的历史分析——兼论岷江上游石棺葬的族属》，载《中国历史论丛》，四川大学学报丛刊第20辑，1983年。

② 俞伟超：《关于“卡约文化”和“唐汪文化”的新认识》，载《先秦两汉考古学论集》，文物出版社1985年版，第197页。

根据上述分析可以确认：西北地区的寺洼文化和安国类型的居民，曾经南下到四川西北一带，以致在当地的石棺葬中留下显著的特征。这一迁徙的历史背景，就是公元前10世纪左右，在中国历史上曾经历了长达一至两个世纪的气候变化，这一持久的寒冷和干旱过程，引起了民族的变化和迁徙[①]。而西北羌戎文化居民的南徙，就是这种变化的内容之一。

但是，能否依此说岷江上游石棺葬的居民就是氐人呢？显然是不能的。因为寺洼、安国类型的居民只是广义的羌戎之人，而不是氐人。所谓氐人，是为了适应上述气候变化，从高地转到河谷地区、由畜牧改为农耕的一部分寺洼文化的居民。这个转变过程，是从西周中后期到春秋的数百年间完成的，直到战国时，“氐”作为族称才正式见诸史籍[②]。因而，把寺洼居民迁徙所至地区的某种文化遗存称作“氐人”的文化遗存，是不妥当的。以前的看法，关键是把氐人的出现提前了，以致笼统地把西北地区的考古学文化均称作“氐羌文化”。当然，从广义的角度上讲“氐羌文化”是可以的，但当着重探讨某一考古学文化的族属、某一具体民族的迁徙和变化时，广义的称号往往是不够的了。

把石棺葬说成是氐人的遗存，其依据之二是有人认为冉駹即氐人。关于冉駹的族属，说法颇多。有认为其族即氐族，亦有认为他们不是氐人。笔者认为，具体问题需作具体分析。史称“其山有六夷、七羌、九氐，各有部落”，表明了冉駹夷内部民族的复杂性，硬要将其划入某个民族是不科学的。即使说冉駹夷中以氐人成分为主，也不能说明石棺葬就是氐人的遗存。因为冉駹夷“皆依山居止，累石为室”，是因自然环境的特点所致，而石棺葬的出现和流行，也应同此理。

要研究石棺葬居民的族属，可从羌族民间故事《羌戈大战》入手。据称，当羌人迁入今茂汶地区时，当地已有一支被称为“戈基人”的部族。羌人与戈基人之间发生战争，羌人借助神之力，以白石和木棍作武器战胜了戈基人，于是羌人就定居于此。羌人至今崇祀白石，他们称石棺葬为戈基人的墓葬。那么，戈基人属于何族呢？根据《羌戈大战》的记载，戈基人有以下

---

① 蒙文通：《周秦少数民族研究》，龙门联合书局1958年版，第1—7页；竺可桢：《中国近五千年来气候变迁的初步研究》，载《竺可桢文集》，科学出版社1979年版，第479页。

② 参见本书第一章“先秦时期的氐人”。

特点：(1) 从生理特征上看：人矮且壮，纵目有尾；(2) 居丧制度方面：居石洞，葬石棺；(3) 经济文化方面：知用牛曳犁耕田，善治水。[①]我们认为，"戈基人"似为寺洼文化暨安国类型居民中南下的一支，以下试作分析。

所谓"纵目"，有多种解释，或说为"棱眼"，或说"直眼"，或说额中多一目，或说眼球凸突如三星堆遗址所出的青铜面具。从分布区域来看，从甘肃南部到四川西北部一直到西藏东部地区的古今各民族中，都有"纵目"或"三只眼"的传说。因此，我们将其视为一种文化传播现象，或者说在史前时期，那些有"纵目"或"三只眼"传说的部落之间，可能有着某种联系。

值得注意的是，传说中对戈基人"纵目"的描述，与今天陇南地区对"立眼人"的解释是基本一致的。前者说：戈基人的眼睛不能平视，平视则须埋头纵目，即把眼睛"棱起来看东西"。在甘肃陇南，当地群众称出土的寺洼文化的器物为"立眼人"的遗物。他们对"立眼人"的解释是：(1) 立眼人的眼睛和常人不一样，是"立立子"长相。天下雨时因无眉骨睫毛遮护，雨水浸激眼球，因此老天爷让其绝了种；(2) "立眼人"即"离年人"(陇南口音，年与眼同音)，"离年"是天年已尽的意思[②]。由此可见，陇南有关寺洼居民为"立眼人"的传说，与戈基人的特征相近。而且"天年已尽"所包含的历史内容，似乎能与公元前10世纪开始的那场大灾变相联系，因为寺洼文化的下限恰好就是西周早期[③]。而戈基人活动的年代，正好是在寺洼文化消失以后，秦汉时羌人来到茂汶等地之前。从时间顺序上讲，戈基人应即南迁的寺洼文化居民。

其次，传说中的戈基人有尾，有学者把它与青海马家窑文化墓葬(M384)中出土的一件舞蹈纹彩陶盆上的"有尾人"联系起来[④]，这是有一定见地的。实际上，寺洼文化的来源可以上溯到齐家、马厂乃至半山、马家窑文化，其间的联系是明显存在的[⑤]。那么，某种装饰形式或文化现象，辗转相

---

① 林向：《〈羌戈大战〉的历史分析——兼论岷江上游石棺葬的族属》，载《中国历史论丛》，四川大学学报丛刊第20辑，1983年。

② 杜万鼎：《仇池探微话杨氏》，载西和县志办《西和史志》第38期(1986年)。

③ 谢端琚、张长寿：《寺洼文化》，载《新中国的考古发现和研究》，文物出版社1984年版，第355—356页。

④ 林向：《〈羌戈大战〉的历史分析——兼论岷江上游石棺葬的族属》，载《中国历史论丛》，四川大学学报丛刊第20辑，1983年。

⑤ 俞伟超：《关于"卡约文化"和"唐汪文化"的新认识》，载《先秦两汉考古学论集》，文物出版社1985年版，第197页。

传到了川西北地区，这是有可能的。

最后，说戈基人知牛耕、善治水，居石洞、葬石棺等，当是寺洼文化的居民从陇南迁徙到岷江上游以后，为适应改变了的自然环境而形成的生产、生活习俗。

三、初步的认识

结合已有的研究成果来讲，先秦、秦汉时期，从今甘肃东南到四川西北的民族迁徙大致有三种情况。首先，由于公元前10世纪到前8世纪的气候变化，属于西北羌戎文化的寺洼暨安国类型的一部分居民南下，其中一支迁徙到岷江上游一带，他们的生产和生活方式也随着新的环境有所改变，这就是羌族民间故事《羌戈大战》中的戈基人。其次，秦献公时（前384—前362），西北的羌人“畏秦之威，将其种人附落而南，出赐支河曲西数千里”，自是，武都、广汉、越巂等地散布羌人[①]。第三，从春秋战国以来逐步形成的氐人，也在羌人南下势头的冲击下，有一部分从陇南迁住川西北地区，《后汉书·南蛮西南夷传》所载冉駹夷的“九氐”，大概就属于这种情况。

因此可以说，氐与蜀并没有直接的族源关系。如果说两者有什么联系的话，只是氐人和戈基人都可能源于寺洼文化暨安国类型的居民，而有学者认为戈基人就是蜀人中的蚕丛氏[②]。但必须指出，属于同类型考古学文化的人群，与民族学上所说的民族的概念并不完全一致。而且氐人和戈基人均不是原来意义上的寺洼文化居民，他们分别经过途径不同的分化或迁徙，改变了原有的居住环境和经济文化形态，已经演变为两个更高层次上的、新的民族共同体，因而不能将二者等同起来。

（原载《三星堆与巴蜀文化》，巴蜀书社1993年版）

---

① 《后汉书·西羌传》。

② 范勇：《蚕丛氏的南迁》，载《巴蜀历史·民族·考古·文化》，巴蜀书社1991年版，第77页。

北魏经略仇池的几个问题

南北朝对峙时期，今川、陕、甘省交界处，尚有一个氐人杨氏所建的仇池政权。杨氏据地险要，且叛服无常，故北魏初期就注意对仇池地方的经略，后虽经反复，但仇池政权仍多受控于北朝，可见北魏对其的经略颇有成功之处，本文试就其中可作历史借鉴的几个问题，作一探讨。

一、仇池在南北对峙中的战略地位

公元383年，前秦在“淝水之战”中败于东晋，北方短暂统一的局面又告中断，匈奴、鲜卑、氐、羌等民族纷纷脱离前秦政权，进行了一系列的重新建立政权的活动。公元386年，前代主什翼犍之孙拓跋珪在牛川（今内蒙古呼和浩特市东南）即代王位，改元“登国”，不久改称魏王，是为北魏建国之始。以后，北魏君臣东征西讨，在4世纪末、5世纪初，先后伐灭了后燕、北燕、北凉等政权，初步统一了黄河以北的中原地区及关陇、河西地区。就在统一北方的过程中，北魏开始与当时据有秦、梁二州的仇池政权接触。

自晋元康元年（269）以来，略阳清水氐人杨茂搜就以仇池山（今甘肃成县西，西汉水北岸）为中心，建立了政权，是为前仇池国。这个政权曾经归属东晋王朝，东晋咸安元年（371）为前秦所灭。“淝水之战”以后，北方战乱。东晋太元十一年（386）茂搜后人杨定召集旧众，以历城（今甘肃成县北）为中心，重建仇池政权，是为后仇池国。这以后，又有武都国、武兴国、阴平国等与之相衔接。诸仇池政权疆域最广时，曾据有今陕西汉中、安康，甘肃天水、秦安，四川的梓潼等地。

仇池杨氏的大本营仇池山，面积16平方公里，海拔1793米，相对高度

791 米，“绝壁峭峙，孤险云高，望之形若覆唾壶。高二十余里，羊肠蟠道三十六回”[①]。险峻如此，有一夫当关，万夫莫开之势。清人丁谦说：“按杨氏立国，地为秦、蜀交通要道，虽户仅数千，实扼南北之锁钥，故宋、齐、梁三朝均羁縻之。”[②]今人张维著《仇池国志》，综述仇池杨氏所据之地的特点说：

> 杨氏据地多在西汉水、白水上游，自仇池循西汉而东，为下辨、武兴。南出关城，则至汉中，自武都波白水而南，为葭芦、阴平。又南则至景谷、白水。若自仇池溯西汉北出塞峡，则可撼动天水、略阳。

由此可知，仇池杨氏所据之地，“山岭丛峻、易守而难攻”，且向北可入今天水，向南可攻今汉中；加之仇池氐人“族类劲强，易动而难靖”[③]，所以在南北对峙中，仇池占有重要的战略地位。换言之，谁能控制其地其人，谁就能将其作为进攻对方的前哨阵地。

正因为如此，北魏在建国初期，便十分注意对仇池的经略。如北魏孝文帝，曾就仇池事宜三下诏书，称仇池为“西顾之忧”，令当事官吏择善治理[④]。可以看出，仇池在南北对峙中所处的战略地位，北魏统治者是看得比较清楚的。

二、北魏初期对仇池地方的经略

仇池在南北对峙中的重要地位，已如上述，故北魏建国之初，便注意对该地区的控制。北魏与仇池最早的联系，在东晋隆安二年（398），史载：

> 杨盛遣使附魏，魏以盛为仇池王。[⑤]

杨盛，为后仇池国开国主杨定的从弟。东晋太元十九年（394），仇池杨

① 《水经注・漾水》。
② 《梁书夷貊传地理考证》，载《蓬莱轩舆地学丛书》。
③ 参见张维《仇池国志・疆域》，1949 年铅印本。
④ 《魏书・李崇传》。
⑤ 《资治通鉴》卷一一〇，晋纪安帝隆安二年条。

氐与西秦乞伏乾归交恶，杨定被杀。杨定无子，杨盛继位，自号仇池公。杨盛在隆安二年遣使朝魏的背景是：北魏登国六年（391），魏、燕因购马事交恶后，北魏军队于公元397—399年间，连续攻下了后燕的都城中山，以及山西并州和山东数州之地，北魏势力从此进入中原。在上述魏、燕战争过程中，仇池杨氏对北魏的崛起必有所闻，为巩固和加强自己的地位，所以遣使与北魏结好。

但由于当时据有关中、河东的是以羌族为首的后秦政权，它或多或少地阻隔着仇池与北魏的直接联系，所以自隆安二年之后，直到北魏始光三年（426），北魏讨击郝连夏，兵入关中，才又见仇池杨氏遣使附魏。史载，十二月，魏将奚斤攻入长安，“武都氐王杨玄及沮渠蒙逊等皆遣使附魏”[①]。其时，杨盛已卒，杨玄即其子。

北魏的势力进入关中，关陇以西的北凉沮渠氏、关陇以南的仇池杨氏都遣使归附，他们的目的很清楚，就是率先归附，不至为北魏兵锋所加。当时，北魏正在加紧消灭北方其他割据势力，如北燕、赫连夏的残军等；加上仇池地势险峻，易守难攻，北魏一时抽不出许多军队来进攻，故采取了“比内藩”的羁縻政策。史载，始光四年（427）十月，拓跋焘遣军司马公孙轨兼大鸿胪，前往仇池，策拜杨玄为“都督荆梁益宁四州诸军事、假征南大将军、梁州刺史、南秦王”[②]。此事，《魏书·公孙轨传》记载颇详：

> （轨）及境，玄不郊迎，轨数玄曰：“昔尉佗跨据，及陆贾至，匍匐奉顺，故能垂名竹帛。今君王无肃恭之礼，非藩臣也。”玄使其属赵容子对曰：“天子以六合为家，孰非王庭，是以敢请入国，然后受谒。”轨答曰：“大夫入境，尚有郊劳，而况乎王命者乎？请奉策以还。”玄惧，诣郊受命。

由此可见，此次杨氏受封，中间还有过一番周折，表明仇池杨氏不想被北魏控制得太紧，以免失去自己偏安政权、割据一方的地位。

以后，因北魏忙于讨伐北燕、北凉及赫连定，故与仇池杨氏的关系仍保

① 《魏书·世祖纪》。
② 《魏书·世祖纪》。

持在“比内藩”的范围之内。据载，北魏始光五年（428），杨玄曾遣使朝魏；延和二年（433），北魏封杨难当（杨玄弟）“秦、梁二州牧、南秦王”等称号；同年，杨难当进攻刘宋控制的汉中，把俘获的七千雍州流民送于北魏长安。太延五年（439），仇池杨氏内部出现分裂，杨玄子杨保宗与其兄保显投奔北魏。北魏以保宗为都督陇西诸军事、武都王，遣镇上邽（今甘肃天水），意在牵制杨难当的兵力。同年年底，杨难当率众攻上邽，为北魏军队所败。旋即，魏主赐杨难当玺书，责其跋扈，难当引兵退还仇池。

刘宋元嘉十八年（441），杨难当“倾国南伐”，克葭萌，围涪城，引起刘宋军队对仇池的大规模讨伐。元嘉十九年（442），宋军分数路进攻仇池，很快就攻占了武兴（今陕西略阳）、下辨（今甘肃成县西）、修城（成县东南）等。其间，杨难当曾“遣使请救于魏”，因救兵不及，杨氏遂带妻子与千余骑奔上邽，归附北魏。此时，北魏已统一北方，故于太平真君三年（442）九月，派安西将军古弼等分十路从祁山（今天水南）、散关（今宝鸡南）等处齐头并进，计划会师仇池①。次年年初，北魏军队克下辨、浊水（成县南）等地，遂取仇池，于其地置武都、天水、汉阳、武街、仇池五郡，以魏豹子为仇池镇将。至此，仇池地方为北魏据有，持续到大约百年后被西魏取代为止。

三、北魏经略仇池的得失

自太平真君四年（443），北魏灭后仇池国后，北朝与南朝为争夺氐族杨氏的地盘和人力，在仇池地方相互进行了一百多年的拉锯战争。仅以北魏而论，历代君臣都十分注意对仇池地方的经略。

北魏延兴三年（473），武都国主杨文度率众进攻北魏军队所驻之仇池镇，孝文帝诏长孙观自吐谷浑回师击败氐众。事后，孝文帝下诏给镇将吕罗汉：

① 《魏书·世祖纪》。

> 仇池接近边境，兵革屡兴，既劳士卒，亦动民庶，皆由镇将不明，绥禁不理之所致也……卿可……随其风俗，以示威惠。其有安土乐业、奉公勤私者，善加劝督，无夺时利。明相宣告，称朕意焉。①

据载，吕罗汉上任后，对仇池民众善加招抚，故“西戎怀德，土境帖然”②。可见，由于孝文帝的亲自过问，才使得北魏保持住了对仇池中心区域的控制。

北魏太和元年（477），杨文度再次率众攻魏将所镇的仇池，北魏诏征西将军皮欢喜、镇西将军梁丑奴等率四万军队前去讨伐。在收复文度所陷之地后，孝文帝降下诏书，令将吏“勉勤戎务，绥靖新俗，怀民安土，称朕意焉”③。到太和二十一年（497），北魏河南尹李崇率军讨平前魏南梁州刺史杨灵珍之叛，孝文帝又手诏崇，略曰：“……可善思经略，去其可除，安其可育，公私所患，悉令芟夷。”④

由此可见，由于镇将不力，仇池杨氏及羌、汉民众时而反抗，影响到北魏对仇池地方统治的稳定，北魏君主屡屡下诏，要镇将“随俗而治”，劝督仇池民众“安土乐业”。这些史实，表现出北魏统治者十分重视仇池的重要战略地位，注意加强对仇池的统治，其中，以孝文帝较为突出。

在北魏统治仇池的过程中，涉及到北魏的一些王公、大将、刺史等。在这些人中间，除前面提到的“不明绥禁”、“不力”的镇将外，仍有一些当事将吏，在当时的条件下，做过一些有利于北魏对仇池的统治，并使民众生息、社会安定的事情。

北魏延和三年（436），杨难当自立为大秦王，年号“建义”，置百官如天子之制，并遣使朝贡于刘宋。是时，魏太武帝拓跋焘遣车骑大将军、乐平王丕等率军兵临仇池，杨难当慑于兵威，奉诏从上邽退还仇池。史称：丕等率“军至略阳，禁令齐肃，所过无私，百姓争致牛酒”。不仅如此，丕还拒绝了诸将“诛豪”、抄掠的主张，听从了中书侍郎高允“（不）伤其向北之

① 《魏书·吕罗汉传》。
② 《魏书·吕罗汉传》。
③ 《魏书·皮欢喜传》。
④ 《魏书·李崇传》。

心”的意见，“绥怀初附，秋毫无犯”[①]，秦陇以安。又如，皮欢喜败杨文度之后，欢喜即被任为仇池镇将。史称：“喜至，申恩布惠，夷民大悦。酋帅强奴子等各率户归附。于是置广业、固道二郡以居之。”[②]

北魏正光二年（521），孝明帝以魏子建为东益州刺史，史称：“初，世宗时平氐，遂于武兴立镇，寻改为东益州。其后镇将、刺史乖失人和，群氐作梗，遂为边患。乃除子建东益州刺史。子建布以恩信，风化大行，远近清静。……子建将还，群氐慕恋，相率断道。”[③]

由上可见，在北魏统治仇池的过程中，由于历代君主及执事将吏采取了一些得民心的“怀柔”、招抚政策，不仅加强了北魏对这一地区的统治，而且对仇池地方社会的安定，氐、汉民众的生产、生活等，都起了一定的促进作用。

从当时南北对峙的形势来看，北魏控制仇池的意义很大，一是自北魏灭后仇池国、据秦州之后，南朝的势力始终未能再度进入仇池中心地带，也就不能由此而胁迫到北魏控制的关陇；二是继后仇池国以后，仇池杨氏贵族虽然又建立过武都国、武兴国、阴平国等，但这些政权都未能规复后仇池国全境，且多受北魏控制，故终未造成威胁关陇的局面。后来，北魏灭武都国（477），西魏灭武兴国（553），杨坚灭阴平国（580），仇池地方始终受控于北朝之手。其中，北魏对仇池的经略有着开拓性、基础性的作用。

当然，北魏对仇池的统治也有失败的一面。造成这些失败的原因很多，其中南朝各代对杨氏贵族的拉拢和争取，以及杨氏贵族自身的复国运动是重要的外部因素。换言之，由于仇池在南北相争中所处的重要地位，所以，与北魏一样，南朝历代君臣也十分重视对仇池杨氏的争夺。同时，杨氏贵族也想利用南朝的力量来牵制北魏，所以，仇池杨氏与南朝也有相当密切的联系。据不完全统计，南北朝时期，诸仇池政权遣使至南朝贡献，南朝历代君主授其封号，共达27次。由于有这些背景，北魏对仇池的经略受到较大的负面影响，如仇池杨氏的多次叛魏，原因正在于此。

除去上述原因，北魏统治仇池过程中暴露出来的弊端，主要是用人不

① 《魏书·乐平王丕传》。

② 《魏书·皮欢喜传》。

③ 《魏书·序传》。

当，镇将、官吏贪婪横行，“乖失人和”。《魏书·酷吏传》共记载酷吏九人，而到仇池地方任职的就有三人，即于洛侯、李洪之、羊祉。其中，“于洛侯……贪酷安忍。……高祖诏使者于州刑人处宣告兵民，然后斩洛侯以谢百姓”；而李洪之以“带刃行”为罪名，滥杀南秦、东益二州百姓，史称“其中枉见杀害者百数”[①]。由于这些原因，迫使仇池地区的民众起来反抗北魏的统治。据有的学者统计，从北魏始光三年（426）到北周武成二年（560）的114年的时间中，前后在秦州、南秦州、东益州爆发的氐、汉各族人民起义，大小约在三十七次以上，平均每两年多便有一次[②]。其中，爆发在北魏控制的仇池地区的一定不少。另一方面，人民群众的起义往往被杨氏贵族利用，以图达到他们脱离北魏控制或规复旧土的目的。总之，这两方面的情况都动摇和削弱了北魏对仇池的统治，减弱了北魏经略仇池地方的作用。

结束语

综上所述，由于仇池所处的地理位置十分重要，为南北交兵的必争之地，故北魏在统一北方之始，便注意到了这个问题，并很早就与仇池杨氏有过联系。初期，在讨伐北方割据政权、不能分兵的情况下，北魏对仇池采取了“比内藩”的控制政策，稳住局势，目的是不让南朝得手。公元5世纪初叶，北魏统一北方后，趁仇池已为刘宋军队攻破的机会，出兵一举攻占了仇池大部分地方。

其后，在对仇池的统治过程中，由于北魏采取了一系列较为切合实际的政策，有利于稳固其对仇池的统治，也有利于仇池与内地中央王朝的联系及自身的发展。当然，北魏在经略仇池的过程中，也暴露出一些问题，诸如用人不当、政策没有连续性等，这是由于其所处的时代和阶级局限性所决定了的，后来人不必苛求。

（原载《陕西历史博物馆馆刊》第6辑，陕西人民教育出版社1999年版）

① 《魏书·酷吏传》。

② 参见马长寿《氐与羌》，上海人民出版社1984年版，第87页。

氐族史大事年表

公元	氐族政权纪年	有关朝代年号	大事
约前1400～前1000年		商周之际	氐族先民寺洼文化的居民，生活在陇山东西、以南及洮河流域。
约前1000～前800年		西周中后期	长期的寒冷和干旱过程，迫使寺洼文化的居民，改畜牧为主的生产为以农业为主，部分居民南迁。氐族开始形成。
前688年		周庄王九年；秦武公十年	秦伐邽、冀戎，以其地置县。
前623年		周襄王二十九年；秦穆公三十七年	秦伐西戎（包括獂戎等在内）。
前361年		周显王八年；秦孝公元年	秦出兵斩戎之獂王。
前415～前221年		战国时期	《山海经》、《荀子》、《吕氏春秋》等书中，多次出现“氐”、“氐人国”等称号。
前192年		汉惠帝三年	蜀湔氐反。
前135～前111年		汉武帝建元六年至元鼎六年	汉武帝派唐蒙、司马相如经略西南。元鼎六年，以白马氐之地置武都郡。
前108年		汉武帝元封三年	武都氐人反，一部分被徙往禄福。
前80年		汉昭帝元凤元年	武都氐人反，马适建等前往讨平。
前77年		汉昭帝元凤四年	武都氐人反。
前76～前74年		汉昭帝元凤五年至元平元年	武都氐人反，赵充国率兵击败。
9～24年		西汉末年	王莽乱政，氐人复叛。
25年～		东汉光武帝建武初年	氐人归附隗嚣、公孙述。
33年		东汉建武九年	马成等平定武都，氐人复归汉朝。
35年		东汉建武十一年	马援任陇西太守，招抚塞外氐、羌。
36年		东汉建武十二年	武都郡丞孔奋联合氐豪齐钟留，攻破隗嚣余众。

续表

公元	氐族政权纪年	有关朝代年号	大事
109年		东汉永初三年	汉朝联合氐、羌，平定李贵之乱。
～190年		东汉灵帝末	氐人参加凉州起义。
190～193年		东汉初平年间	汧、陇氐、羌反，马腾等前往讨平。
196年～		东汉建安初年	氐酋杨驹率部居仇池山。
209年		东汉建安十四年	夏侯渊击隃麋、汧氐。
211年		东汉建安十六年	关陇氐人附马超反对曹操。
213～214年		东汉建安十八至十九年	氐王杨千万响应马超。败，投奔刘备。部众被徙至扶风之美阳。
215年		东汉建安二十年	三月，曹操征张鲁。五月，破河池氐王窦茂。
219年		东汉建安二十四年	三月，曹操令雍州刺史张既，迁武都氐人五万余落，出居扶风、天水二郡界内。后，武都太守杨阜又徙武都氐、汉万余户于京兆、汧、雍、天水、南安、广魏等郡县之内。
220年		魏黄初元年	七月，武都氐王杨仆率种人附魏，被安置在汉阳郡。
236年		魏青龙四年；蜀汉建兴十四年	四月，武都氐王符健附蜀；健弟降魏。
240年		魏正始元年	魏将郭淮徙湿中氐人三千余落于关中。
265～289年		西晋泰始元年至太康十年	晋封杨飞龙为平西将军。飞龙养外甥令狐茂搜为子。
277年		西晋咸宁三年	扶风郡的氐人由部落民变为国家编户。
296年	前仇池国杨茂搜元年①	西晋元康六年	八月，秦、雍氐、羌拥氐帅齐万年起义。杨茂搜避战乱，率四千余户还保仇池，始建前仇池国，自号辅国将军、右贤王。
297年	杨茂搜二年	西晋元康七年	齐万年起义军于六陌大败晋军。
299年	杨茂搜四年	西晋元康九年	一月，氐、羌、匈奴各族起义失败，齐万年被槛送洛阳。
300年	杨茂搜五年	西晋永康元年	赵廞据成都自立，賨人李特、氐符成等为其守北门。
303年	杨茂搜八年	西晋太安二年；成汉建初元年	三月，符成、隗伯等叛成汉，攻李荡。
308年	杨茂搜十三年	西晋永嘉二年；汉永凤元年	七月，氐酋单征归附匈奴刘渊。

① 仇池诸国中，除杨难当曾建元“建义”外，其余各主均无年号。姑以元年、二年……称之，以示其在位年数。

续表

公元	氐族政权纪年	有关朝代年号	大事
311年	杨茂搜十六年	西晋永嘉五年；成汉玉衡元年	符成等从宜都西上巴东，遂复归成汉。
313～316年	杨茂搜十八年至二十一年	西晋建兴元年至四年	晋愍帝封杨茂搜为骠骑将军、左贤王。前仇池国一度占有汉中。
317年	杨难敌元年	东晋建武元年	杨茂搜卒，子难敌继立，号左贤王。
319年	杨难敌三年	东晋大兴二年；前赵光初二年	略阳氐酋蒲洪降前赵，被封为“率义侯”。
322～323年	杨难敌六年至七年	东晋永昌元年至二年；前赵光初五年至六年	刘曜西征。杨难敌与前赵约和，受其封，后奔汉中。
325年	杨难敌九年	东晋太宁三年；后赵石勒七年	三月，杨难敌自汉中起兵，收复仇池。又败成汉李琀等军。六月，石虎迁氐、羌三千余人至襄国。
329年	杨难敌十三年	东晋咸和四年；后赵太和二年	九月，蒲洪降于石虎。虎迁氐、羌十五万落于司、冀州。
333年	杨难敌十七年	东晋咸和八年；后赵建平四年	十月，蒲洪因石赵内乱，西附前凉。后又重降于石虎，说虎徙关中豪族及氐、羌十余万户于关东。石虎拜洪为流民都督等，处于枋头。
334年	杨毅元年	东晋咸和九年	一月，杨难敌卒，子毅继立，晋封为征南将军。
337年	杨初元年	东晋咸康三年	杨初杀杨毅，自立为仇池公，遣使附赵。
347年	杨初十一年	东晋永和三年；后赵建武十三年	四月，后赵攻前凉，九月，黄河以南氐、羌皆降；赵又攻白马氐于武街，徙七千余户于雍州。十一月，晋以杨初为仇池公。
349年	杨初十三年	东晋永和五年；后赵太宁元年	晋军北伐后赵，杨初乘机破汉中西城。后赵内乱，关东的秦、雍徙民及氐、羌纷纷西归，拥立蒲洪的有十余万。
350年	前秦苻洪元年；杨初十四年	东晋永和六年	一月，蒲洪改姓苻，自称大将军、三秦王，前秦自此始。三月，洪死，苻健继立。十一月，入据长安。
351年	前秦皇始元年；杨初十五年	东晋永和七年	一月，苻健称天王，置百官，建年号。
354年	前秦皇始四年；杨初十八年	东晋永和十年	四月，桓温北伐攻关中，为前秦所败。
355年	前秦寿光元年；杨国元年	东晋永和十一年	一月，杨毅弟宋奴使人杀初；初子国诛宋奴，自立。六月，苻健平定苻菁之乱；健死，苻生继立，改元寿光。
356年	前秦寿光二年；杨俊元年	东晋永和十二年	仇池公杨国为其从叔杨俊所杀。俊自立，晋仍封仇池公。国子安奔前秦。
357年	前秦永兴元年；杨俊二年	东晋升平元年	六月，苻坚杀苻生，继王位，称大秦天王，改年号永兴。

续表

公元	氐族政权纪年	有关朝代年号	大事
360年	前秦甘露二年；杨世元年	东晋升平四年	一月，仇池公杨俊卒，子世立，晋封为冠军将军、仇池公。
370年	前秦建元六年；杨纂元年	东晋太和五年	十一月，苻坚派王猛等取邺城，灭前燕。杨世卒，子纂立，晋以为仇池公。
371年	前秦建元七年；杨纂二年	东晋咸安元年	四月，前秦破仇池，执杨纂以归，徙其民于关中，前仇池国亡。
376年	前秦建元十二年	东晋太元元年	八月，前秦灭前凉，迁凉州豪右七千余户于关中；十二月，俘什翼犍，灭代，统一北方。
380年	前秦建元十六年	东晋太元五年	七、八月，苻坚分徙关中氐户于诸方要镇，以胤亲统领。
381年	前秦建元十七年	东晋太元六年	二月，大宛、天竺、康居、新罗等国遣使来前秦朝贡。
383年	前秦建元十九年	东晋太元八年	一月，应西域诸国之请，苻坚派吕光经略西域。十一月，前秦与东晋军队在淝水大战，前秦军大败。
384年	前秦建元二十年	东晋太元九年	九月，吕光攻克龟兹，西域三十余国降。
385年	前秦太安元年；后仇池国杨定元年	东晋太元十年	八月，苻坚被姚苌勒杀于五将山。苻丕继位，建年号太安。十月，杨定逃回仇池，招集旧部，建立后仇池国。
386年	前秦太初元年；后凉太安元年；杨定二年	东晋太元十一年；北魏登国元年	十月，苻丕被杀。十一月，苻登即位，年号太初。十二月，吕光称酒泉公，大赦境内，建年号太安。
389年	前秦太初四年；后凉麟嘉元年；杨定五年	东晋太元十四年；北魏登国四年	二月，吕光统一河西，自称三河王，置百官，改年号，迎妻、子、弟等至自仇池。
394年	前秦延初元年；后凉麟嘉六年；杨盛元年	东晋太元十九年；北魏登国九年	七月，苻登被杀，苻崇即位，建年号延初。十月，苻崇与仇池杨定共伐西秦，俱败死，前秦亡。杨盛继为仇池公，分四山氐、羌为二十部护军，不置郡县。
396年	后凉龙飞元年；杨盛三年	东晋太元二十一年；北魏皇始元年	六月，吕光自称天王，建国号大凉，改元龙飞。
398年	后凉龙飞三年；杨盛五年	东晋隆安二年；北魏天兴元年	杨盛遣使称藩于魏，拓跋珪封其为仇池王。
399年	后凉承康元年，咸宁元年；杨盛六年	东晋隆安三年；北魏天兴二年	十二月，吕光病亡，长子吕绍继立，为吕纂所逼，自杀。纂登位，建年号咸宁。是岁，杨盛遣使朝晋，晋以为仇池公。
401年	后凉神鼎元年；杨盛八年	东晋隆安五年；北魏天兴四年	二月，吕隆杀吕纂，继王位，建年号神鼎。七月，后秦来伐，隆遣使请降。
403年	后凉神鼎三年；杨盛十年	东晋元兴二年；北魏天兴六年	八月，吕隆率僚属入居长安，后凉亡。
405年	杨盛十二年	东晋义熙元年；北魏天赐二年；后秦弘始七年	二月，蜀乱，杨盛遣军占汉中。后秦频攻盛，盛惧，质子请降，后秦封其为武都侯。

续表

公元	氐族政权纪年	有关朝代年号	大事
416年	杨盛二十三年	东晋义熙十二年；北魏泰常元年；后秦永和元年	刘裕伐后秦，杨盛乘机攻占祁山，进逼秦州。
425年	杨玄元年	宋元嘉二年；北魏始光二年	六月，杨盛卒，年六十二。子玄继位，奉元嘉正朔，宋封为武都王。
427年	杨玄三年	宋元嘉四年；北魏始光四年	北魏遣使拜杨玄为南秦王。
429年	杨玄五年；杨难当元年	宋元嘉六年；北魏神麚二年	七月，杨玄卒，弟难当立玄子保宗。旋废之，自立，称秦州刺史、武都王。
433年	杨难当五年	宋元嘉十年；北魏延和二年	杨难当遣司马飞龙扰蜀，自举兵袭梁州，取汉中。
436年	后仇池国建义元年	宋元嘉十三年；北魏太延二年	二月，杨难当自称大秦王，建年号建义，置百官，立王后、太子，如天子之制。
441～442年	后仇池国建义六年至七年	宋元嘉十八年至十九年；北魏太平真君二年至三年	杨难当攻葭萌、涪城。宋发大军攻仇池，杨难当逃往上邽，附北魏，后仇池国亡。
443年	武都国杨文德元年	宋元嘉二十年；北魏太平真君四年	二月，北魏攻占仇池。四月，苻达等拥立杨文德为仇池公，宋封其为武都王，武都国始。
447年	杨文德五年	宋元嘉二十四年；北魏太平真君八年	十二月，杨文德乘秦州起事之机，进据葭芦，招诱武都、阴平氐民。
454年	杨文德十二年	宋孝建元年；北魏兴光元年	二月，刘义宣叛宋，文德不从，见杀。
455年	杨元和元年	宋孝建二年；北魏兴光二年	十月，宋以杨元和为征虏将军，杨头为辅国将军。
462年	杨元和八年	宋大明六年；北魏和平三年	六月，雍州扶风氐豪仇傉檀率众起义。
466年	杨僧嗣元年	宋泰始二年；北魏天安元年	六月，杨元和微弱，弃国奔魏。杨僧嗣自立为主，守葭芦，宋封为武都王。
473年	杨文度元年	宋元徽元年；北魏延兴三年	十月，杨僧嗣卒。杨文度自立，称武兴王，先后受魏、宋封号。
477年	阴平国杨广香元年	宋昇明元年；北魏太和元年	十月，杨文弘攻破仇池。十二月，北魏遣军收复，杀文度，武都国亡。杨文弘退守武兴，自称武兴王。杨广香因助魏灭武都国，被封为阴平公、葭芦镇主，阴平国自此年始。
478年	武兴国杨文弘元年；杨广香二年	宋昇明二年；北魏太和二年	六月，宋封杨文弘为北秦州刺史、武都王，武兴国自此年始。
480年	杨文弘三年；杨广香四年	齐建元二年；北魏太和四年	一月，雍州氐民齐男王率众起事，杀美阳县令。七月，齐攻武兴。十月，封杨广香为西秦州刺史。十一月，以杨后起为武都王。广香卒年不详。

续表

公元	氐族政权纪年	有关朝代年号	大事
482年	杨后起元年	齐建元四年；北魏太和六年	九月，杨文弘卒，后起嗣位，先后受魏、齐封号。
483年	杨后起二年；杨炅元年	齐永明元年；北魏太和七年	二月，齐封杨广香子杨炅为沙州刺史、阴平王。
486年	杨集始元年；杨炅四年	齐永明四年；北魏太和十年	一月，杨后起卒。齐诏杨集始为北秦州刺史、武都王，魏亦封其为武都王。
492年	杨集始七年；杨炅十年	齐永明十年；北魏太和十六年	九月，集始叛齐，攻汉中。败，退守武兴，以城降魏。
495年	杨集始十年；杨崇祖元年	齐建武二年；北魏太和十九年	六月，杨集始为杨馥之所败，走下辨。十二月，杨炅卒，子杨崇祖继位。次年，齐封其为沙州刺史、阴平王。
502年	杨集始十七年；杨孟孙元年	梁天监元年；北魏景明三年	梁以集始为武都王。杨崇祖卒，子杨孟孙拥众自立，梁封其为沙州刺史。
503年	杨绍先元年；杨孟孙二年	梁天监二年；北魏景明四年	三月，武都氐人杨会起兵反魏。十一月，杨集始卒，子绍先继立，梁、魏先后封为武都王、武兴王。
505年	杨绍先三年；杨孟孙四年	梁天监四年；北魏正始二年	十月，杨绍先从叔杨集起、集义拥绍先称帝，叛魏通梁。
506年	杨绍先四年；杨孟孙五年	梁天监五年；北魏正始三年	一月，北魏攻克武兴，改为东益州，杨绍先被槛送洛阳。氐王杨定进据守方山，声援秦州吕苟儿起义。
511年	杨定元年	梁天监十年；北魏永平四年	杨孟孙卒，子杨定立，袭父爵。定卒年不详。
521年		梁普通二年；北魏正光二年	南秦、东益二州氐、羌起义，魏河间王琛出征，大败。
524年		梁普通五年；北魏正光五年	北魏滥杀氐民，南秦州氐、汉百姓起义，与莫折大提的起义相呼应。
525～527年		梁普通六、七年至大通元年；北魏孝昌元年至三年	氐酋杨法琛据阴平自立，称杨盛之苗裔，举众附魏，贡奉不绝。
529年		梁中大通元年；北魏永安二年	七月，东益州氐、汉百姓起义，攻武兴城，魏刺史弃城走。
534年	杨绍先五年	梁中大通六年；北魏永熙三年	四月，杨绍先趁北魏内乱，由洛阳逃回武兴，复自称王。梁以绍先为秦、南秦二州刺史、武兴王。
535年	杨智慧元年	梁大同元年；西魏大统元年	绍先卒，子智慧继立。智慧归梁，不知卒于何年。
538年		梁大同四年；西魏大统四年	南岐州氐民苻安寿聚众反魏，攻破武都城。
543年		梁大同九年；西魏大统九年	秦州、东秦州氐酋李鼠仁、梁道显起义，反抗西魏的统治。

续表

公元	氐族政权纪年	有关朝代年号	大事
545年	杨辟邪元年	梁大同十一年；西魏大统十一年	西魏以绍先另一子杨辟邪为东益州刺史。
549年	杨辟邪五年	梁正平二年；西魏大统十五年	南秦州氐帅盖闹等聚众反魏。
550年	杨辟邪六年	梁大宝元年；西魏大统十六年	梁黎州民造反，攻走刺史，迎杨法琛据黎州。
553年	杨辟邪九年	梁承圣二年；西魏废帝二年	西魏攻占武兴，杀杨辟邪，武兴国亡。阴平国内讧，西魏分散其部落，置州郡以处之，阴平国亡。杨法琛卒年不详。
559～560年		梁永定三年至天嘉元年；北周武成元年至二年	北周兴州、文州氐、汉各族人民联合起义，攻破兰皋戍、落丛郡等地。
580年		陈太建十二年；北周大象二年	八月，益州总管王谦反周，沙州氐帅杨永安聚众响应。

参考论著目录

古籍类

毛亨传、郑玄笺、孔颖达疏：《毛诗注疏》，商务印书馆 1936 年版。

王先谦：《荀子集解》，中华书局版 1988 年版。

高诱：《吕氏春秋注》，中华书局版 1954 年版。

郝懿行：《山海经笺疏》，巴蜀书社 1985 年版。

司马迁：《史记》，中华书局点校本 1962 年版。

班固：《汉书》，中华书局点校本 1962 年版。

范晔：《后汉书》，中华书局点校本 1965 年版。

陈寿：《三国志》，中华书局点校本 1963 年版。

房玄龄等：《晋书》，中华书局点校本 1974 年版。

沈约：《宋书》，中华书局点校本 1974 年版。

萧子显：《南齐书》，中华书局点校本 1972 年版。

姚思廉等：《梁书》，中华书局点校本 1973 年版。

魏收：《魏书》，中华书局点校本 1974 年版。

令狐德棻等：《周书》，中华书局点校本 1971 年版。

李延寿：《南史》，中华书局点校本 1975 年版。

李延寿：《北史》，中华书局点校本 1974 年版。

刘昫等：《旧唐书》，中华书局点校本 1975 年版。

欧阳修等：《新唐书》，中华书局点校本 1975 年版。

司马光：《资治通鉴》，中华书局点校本 1956 年版。

范祥雍：《古本竹书纪年辑校订补》，上海人民出版社 1957 年版。

段玉裁：《说文解字注》，上海古籍出版社 1981 年版。

常璩著、刘琳校：《华阳国志校注》，巴蜀书社 1984 年版。

郦道元著、王先谦校：《水经注》，巴蜀书社 1985 年版。
萧统编、李善注：《文选》，中华书局 1977 年版。
洪亮吉：《十六国疆域志》，商务印书馆 1936 年版。
杜佑：《通典》，中华书局 1984 年版。
李吉甫：《元和郡县图志》，中华书局 1983 年版。
李昉等：《太平御览》，中华书局 1960 年版。
顾祖禹：《读史方舆纪要》，中华书局 1957 年版。
邓存冰等：《龙安府志》，道光二十二年刻本。
吴云逵：《武阶备志》，同治十二年新刻本。
陆增祥：《八琼室金石补正》，文物出版社 1985 年版。

著作类

王仲荦：《北周地理志》，中华书局 1930 年版。
张维：《陇右金石录》，民国三十二年甘肃省文献征集委员会印本。
张维：《仇池国志》，1949 年甘肃省银行印刷厂承印。
姚薇元：《北朝胡姓考》，科学出版社 1958 年版。
李学勤：《殷代地理简论》，科学出版社 1959 年版。
阿诺尔德·汤因比：《历史研究》，曹未风等译，上海人民出版社 1959 年版。
唐长孺：《魏晋南北朝史论丛续编》，三联书店 1959 年版。
夏鼐：《考古学论文集》，科学出版社 1961 年版。
顾颉刚：《史林杂识初编》，中华书局 1963 年版。
李孝定：《甲骨文字集释》，历史语言研究所专刊之五十，1965 年。
竺可桢：《竺可桢文集》，科学出版社 1979 年版。
四川省民族研究所编：《白马藏人族属问题讨论集》，民族研究丛刊之二，1980 年。
邹衡：《夏商周考古论文集》，文物出版社 1980 年版。
黄文弼：《西北史地论丛》，上海人民出版社 1981 年版。
杨伟立：《成汉史略》，重庆出版社 1982 年版。
唐长孺：《魏晋南北朝史拾遗》，中华书局 1983 年版。
韩国磐：《魏晋南北朝史纲》，人民出版社 1983 年版。
吴幼潜：《封泥汇编》，上海古籍书店 1984 年版。

考古所编：《新中国的考古发现和研究》，文物出版社 1984 年版。
马长寿：《氐与羌》，上海人民出版社 1984 年版。
马长寿：《碑铭所见前秦至隋初的关中部族》，中华书局 1985 年版。
王献唐：《炎黄氏族文化考》，齐鲁书社 1985 年版。
徐旭生：《中国古代史上的传说时代》（增订本），文物出版社 1985 年版。
俞伟超：《先秦两汉考古学论集》，文物出版社 1985 年版。
冉光荣、李绍明、周锡银：《羌族史》，四川民族出版社 1985 年版。
李祖桓：《仇池国志》，书目文献出版社 1986 年版。
葛剑雄：《西汉人口地理》，人民出版社 1986 年版。
黄烈：《中国古代民族史研究》，人民出版社 1987 年版。
杨建新：《中国西北少数民族史》，宁夏人民出版社 1988 版。
陈梦家：《殷虚卜辞综述》，考古学专刊甲种第二号，中华书局 1988 年版。
齐陈骏：《河西史研究》，甘肃教育出版社 1989 年版。
杨建新、马曼丽：《西北民族关系史》，民族出版社 1990 年版。
任乃强：《民族研究文集》，民族出版社 1990 年版。
杨铭：《氐族史》，吉林教育出版社 1991 年版。
洪涛：《五凉史略》，中国社会科学出版社 1992 年版。
周锡银、刘志荣：《羌族》，民族出版社 1993 年版。
蒋福亚：《前秦史》，北京师范学院出版社 1993 年版。
王迅：《东夷文化与淮夷文化研究》，北京大学出版社 1994 年版。
王钟翰：《中国民族史》，中国社会科学出版社 1994 年版。
栾丰实：《东夷考古》，山东大学出版社 1996 年版。
吕思勉：《中国民族史》，东方出版社 1996 年版。
赵向群：《五凉史探》，甘肃人民出版社 1996 年版。
袁祖亮：《中国古代边疆民族人口研究》，中州古籍出版社 1999 年版。
费孝通：《中华民族多元一体格局》（修订本），中央民族大学出版社 1999 年版。
伍雄武：《中华民族的形成与凝聚新论》，云南人民出版社 2000 年版。
赵诚：《甲骨文与商代文化》，辽宁人民出版社 2000 年版。
余太山：《古族新考》，中华书局 2000 年版。
易谋远：《彝族史要》，社会科学文献出版社 2000 年版。

翁独健：《中国民族关系史纲要》，中国社会科学出版社 2001 年版。
马曼丽：《中国西北边疆发展史研究》，黑龙江教育出版社 2001 年版。
陈本明、傅永祥：《昭通彝族史探》，云南民族出版社 2001 年版。
黄懿陆：《滇国研究》，云南美术出版社 2001 年版。
北京大学中国考古学研究中心：《古代文明》(第 1 卷)，文物出版社 2002 年版。
孙功达：《氐族研究》，甘肃人民出版社 2005 年版。

论文类

徐中舒等：《月氏为虞后及“氏”和“氐”的问题》，《燕京学报》13 卷，1933 年。
唐长孺：《范长生与巴氐据蜀的关系》，《历史研究》1954 年第 4 期。
岑仲勉：《氐族源流蠡测并论彩陶之可能联系》，《中山大学学报》1959 年第 Z1 期。
王国维：《鬼方昆夷玁狁考》，《王国维遗书》第二册，上海古籍书店 1983 年版。
安志敏：《我国新石器时期的仰韶文化和龙山文化》，《历史教学》1960 年第 8 期。
吴汝祚：《甘青地区原始文化的概貌及其相互关系》，《考古》1961 年第 1 期。
胡昭曦：《论汉晋的氐羌和隋唐以后的羌族》，《历史研究》1963 年第 2 期。
于省吾：《释羌、笱、敬、美》，《吉林大学学报》1963 年第 1 期。
史苏苑：《论前秦东晋淝水之战》，《郑州大学学报》1963 年第 4 期。
李绍明：《关于羌族古代史的几个问题》，《历史研究》1963 年第 5 期。
曹怀玉：《商周秦汉时期甘肃境内的氐羌月氏和乌孙》，《甘肃师范大学学报》1964 年第 3—4 期。
黄烈：《有关氐族来源和形成的一些问题》，《历史研究》1965 年第 2 期。
商志覃：《氐羌同源的探讨》，《中山大学学报》1965 年第 3 期。
冯汉骥、童恩正：《岷江上游的石棺葬》，《考古学报》1973 年第 2 期。
谢端琚：《齐家文化是马家窑文化的继续和发展》，《考古》1976 年第 6 期。
童恩正：《四川西北地区石棺葬族属试探——附谈有关古代氐族的几个问题》，《思想战线》1978 年第 1 期。
严文明：《甘肃彩陶的源流》，《文物》1978 年第 10 期。
任乃强：《羌族源流探索》（上、下），《民族研究通讯》1979 年第 2 期、1980 年第 1 期。

顾颉刚：《从古籍中探索我国的西部民族——羌族》，《社会科学战线》1980年第1期。
赵卫邦：《川北甘南氐族考略》，《四川地方史研究专辑》，四川大学学报丛刊第5辑，1980年。
徐扬杰：《淝水之战的性质和前秦失败的原因》，《华中师院学报》1980年第1期。
孙宏开：《历史上的氐族和川甘地区的白马人——白马人族属初探》，《民族研究》1980年第3期。
邓子琴：《试论四川平武等地区的达布人为中国古代氐族后裔说》，《西南师范大学学报》1980年第3期。
李绍明：《论氐和羌、戎的关系》，《西南民族学院学报》1980年第4期。
陈宗祥：《岷江上游石棺葬的族属初探》，《西南民族学院学报》1981年第1期。
俞伟超：《关于卡约文化的新认识》，《青海考古学会会刊》1981年12月。
陈光国：《青海藏族族源初探》，《民族学研究》第3辑，民族出版社1982年版。
王俊杰：《论商周的羌与秦汉魏晋南北朝的羌》，《西北师范学院学报》1982年第3期。
张建昌：《氐族的兴衰及其活动范围》，《兰州大学学报》1982年第4期。
巩启明：《试论仰韶文化》，《史前研究》1983年创刊号。
冉光荣、周锡银：《论甘青古代文化与羌族的关系》，《西南民族研究》，四川民族出版社1983年版。
杨耀坤：《〈宋书〉〈氐胡传〉与〈萧思话传〉记时辨误》，《历史研究》1983年第2期。
李昆声：《云南原始文化族系试探》，《云南社会科学》1983年第4期。
蔡璐：《在熊猫的故乡——氐族的音乐与风俗、生活散记》，《音乐爱好者》1984年第1期。
黎尚诚：《后凉史事述略——兼述氐族文化渊源》，《天水师专学报》1984年第2期。
齐陈骏等：《氐人吕光和他的后凉政权》，《西北史地》1985年第1期。
尹盛平：《猃狁、鬼方的族属及其与周族的关系》，《人文杂志》1985年第1期。
何幼琦：《海经新探》，《历史研究》1985年第2期。
李交发：《试论前秦前燕对峙中的人才擢用——兼析前秦败亡原因之一》，《湘潭大学学报》1985 年第 2 期。
罗开玉：《秦汉三国湔氐道、湔县考——兼论川西北的开发序列及其氐人诸题》，《四川师院学报》1985 年第 3 期。
罗树凡：《“湔氐道”的范围和治地》，《天府新论》1985 年第 6 期。
曹永年、周增义：《淝水之战——前秦溃败原因之检讨》，《内蒙古大学学报》1986 年第 1 期。
罗嗣忠：《试论氐族君王苻坚的民族政策》，《青海师范大学学报》1986 年第 3 期。
傅辉彬 、刘梅生：《朱序与前秦在淝水之战中的败北》，《信阳师范学院学报》1987 年第 2 期。
胡小鹏：《仇池氐族杨氏政权浅探》，《西北师大学报》1987 年第 3 期。
兴民：《板楯蛮为氐羌后裔说质疑——与〈羌人·巴人·土家族〉一文的几点商榷》，《四川文物》1987 年第 3 期。
徐日辉：《武都国述论》，《民族研究》1987 年第 5 期。
徐中舒、唐嘉弘：《古代楚蜀的关系》，《巴蜀考古论文集》，文物出版社 1987 年版。
王宗维：《西戎八国考述》，《西北历史研究》，三秦出版社 1987 年版。
常教：《商颂作于殷商述考》，《文献》1988 年第 1 期。
杨耀坤：《仇池政权沿革考述》，《甘肃民族研究》1988 年第 1 期。
刘孔伏、潘良炽：《再论前秦政权的民族性》，《淮北煤师院学报》1988 年第 2—3 期。
张先昌：《前秦盛衰话王猛》，《殷都学刊》1988 年第 4 期。
郑笑梅：《论泰沂文化区》，《海岱考古》第 1 辑，山东大学出版社 1989 年版。
张泽洪：《“巴氐”辨疑》，《民族研究》1990 年第 5 期。
蒋立文：《论苻健在前秦封建化中的历史作用》，《社会科学战线》1990 年第 4 期。
谭继和：《氐、氐与巢居文化》，《四川文物》1990 年第 4 期。
常兴照、张光明：《商奄·薄姑钩沉》，《东夷古国史研究》第 2 辑，三秦出版社 1990 年版。
杨铭：《汉魏时期氐族的分布、迁徙及其社会状况》，《民族研究》1991 年第 2 期。
郭发明：《氐族之谜——说姬周出于氐族》，《文史杂志》1991 年第 2 期。
郑炳林：《仇池国二十部护军镇考》，《西北民族研究》1991 年第 2 期。
祝注先：《氐族苻朗和他的寓言集〈苻子〉》，《中南民族学院学报》1991 年第 6 期。
杨铭：《氐族的姓氏及婚姻》，《西北民族研究》1992 年第 1 期。

要瑞芬:《试论后赵、前燕、前秦统治政策汉化成分之差异及其原因》,《中央民族学院学报》1992 年第 2 期。
李绍明:《评〈氐族史〉》,《社会科学研究》1992 年第 3 期。
欧潮泉:《略述氐羌历史民族区》,《青海民族学院学报》1992 年第 4 期。
王树明:《蚩尤辨正》,《中原文物》1993 年第 1 期。
潘曙光:《前秦东晋淝水之战探析》,《军事历史》1993 年第 2 期。
宋肃瀛:《论后赵和前秦的民族政策与宗教政策》,《西南民族学院学报》1993 年第 6 期。
王振忠:《前秦王猛与三秦豪杰》,《天津师大学报》1994 年第 1 期。
朱大渭:《十六国国别史的一部力作——〈前秦史〉评价》,《中国史研究动态》1994 年第 2 期。
纪兰慰:《西南地区氐羌族群民间舞蹈文化比较研究》,《中央民族大学学报》1994 年第 2 期。
杨正苞:《谈氐羌同源及其最后一次南迁》,《西南民族学院学报》1994 年第 2 期。
刘光曙:《从氐羌族系南迁看云南海贝文化》,《云南民族学院学报》1994 年第 2 期。
余太山:《前秦、后凉与西域关系述考》,《中国边疆史地研究》1994 年第 4 期。
许木欣:《我看苻坚其人》,《历史教学》1994 年第 6 期。
杨正权:《龙与西南古代氐羌系统民族》,《思想战线》1995 年第 5 期。
范三畏:《西王母神话探源——兼论二昊氐戎夷的关系》,《西北师大学报》1995 年第 6 期。
范三畏:《氐寨风情》,《森林与人类》1997 年第 2 期。
崔明德、赵志坚:《建国以来关于淝水之战、前秦政权研究述评》,《中国史研究动态》1996 年第 11 期。
崔明德:《试析前秦谶言的产生及其应验》,《烟台大学学报》1997 年第 2 期。
岳庆艳:《张维先生在仇池国史研究上的成就》,《图书与情报》1997 年第 1 期。
陈平:《从"丁公陶文"谈古东夷族的西迁》,《中国史研究》1998 年第 1 期。
何光岳:《氐族的来源和迁徙》,《天水师范学院学报》1998 年第 1 期。
杨健吾:《羌族原始宗教与羌族社会教育》,《宗教学研究》1998 年第 3 期。
贾俊菊:《乱中求治——试论前秦治国贤相王猛》,《华北电力大学学报》1998 年第 4 期。
薄吾成：《试论盘羊与氐族》，《农业考古》2000 年第 1 期。
白庚胜：《魏晋南北朝的氐羌文学》，《云南民族学院学报》2000 年第 4 期。
谢高文：《咸阳前秦墓新出土的五铢、延圜钱》，《西安金融》2000 年第 5 期。
李绍明：《羌族与白马藏人文化比较研究》，《思想战线》2000 年第 5 期。
汪受宽：《氐族耕牧保据 仇池成为桃花源》，《甘肃日报》2000 年 8 月 16 日。
吕一飞：《匈奴汉国的政治与氐羌》，《历史研究》2001 年第 2 期。
陈燕：《十六国时期氐族和鲜卑教育政策对比研究》，《中国边疆史地研究》2001 年第 2 期。
王柯：《民族与国家》，《中国多民族统一国家思想的系谱》，中国社会科学出版社 2001 年版。
黄英：《"白马藏人"族源探析》，《兰州大学学报》2002 年第 4 期。
李程：《淝水之战中前秦失败于不得人心》，《江汉论坛》2002 年第 4 期。
张先昌：《前秦重用慕容鲜卑王公贵族评析》，《史学月刊》2002 年第 5 期。
赵逵夫：《形天神话源于仇池山考释——兼论"奇股国"、氐族地望及"武都"地名的由来》，《河北师范大学学报》2002 年第 4 期。
王贵生：《刑天精神本源新探》，《甘肃教育学院学报》2003 年第 1 期。
王贵生：《论干戚之舞》，《西北师范大学学报》2003 年第 3 期。
王寿芝：《从汉中出土文物看商与巴蜀氐羌的关系》，《文博》2003 年第 4 期。
季富政：《氐人聚落与民居》，《四川文物》2003 年第 5 期。
周蔚蔚：《氐羌民族火崇拜与祖先崇拜"叠合"现象的整理研究》，《云南消防》2003 年第 10 期。
张胜冰：《论地理环境因素对西南氐羌民族审美观念的影响》，《中国海洋大学学报》2005 年第 3 期。
侯文昌：《试论前秦的氐族本位政策》，《陇东学院学报》2005 年第 4 期。
傅兆霞：《氐族皇帝苻坚与前秦兴衰》，《中国民族》2005 年第 12 期。
程刚：《巴氐人的起源与成汉政权的建立》，《信阳农业高等专科学校学报》2005 年第 4 期。
张泽洪：《魏晋南北朝时期少数民族与道教——以南蛮、氐羌族群为中心》，《中南民族大学学报》2005 年第 6 期。

杨万娟：《韩国文化与楚文化渊源关系再探——兼谈氐羌、巴文化的渗入》，《中南民族大学学报》2006 年第 2 期。
马建春：《西晋十六国时期氐人的迁徙与分布》，《西北民族大学学报》2006 年第 2 期。
伦珠旺姆：《前秦氐族散文家苻朗及其佚文探析》，《中央民族大学学报》2006 年第 3 期。
王广林：《秦安古代的氐族》，《天水日报》2006 年 6 月 18 日。
段渝：《先秦巴蜀地区百濮和氐羌的来源》，《贵州民族研究》2006 年第 5 期。
杨莉：《氐羌部族舞蹈的根系形态》，《中华文化论坛》2007 年第 1 期。
杨士宏：《我国古代氐羌族群的原始文化形态探微》，《 西北民族大学学报》2007 年第 1 期。
段渝：《先秦川西高原的氐与羌》，《阿坝师范高等专科学校学报》2007 年第 1 期。
吴建华：《先秦至隋朝羌氐两族兴衰罔论——兼论洛阳古代石刻中的羌氐族姓氏及民族融合》，《河南科技大学学报》2007 年第 4 期。
陈东、石硕：《魏晋时期的“氐傁”与“叟”辨析》，《云南民族大学学报》2007 年第 5 期。
刘俊珂、王振刚：《浅论氐羌、百越、白濮三大族群的源流、分布及族变情况——从先秦到南北朝时期》，《云南农业大学学报》2007 年第 2 期。
李延红：《滇川氐羌后人的歌乐生活》，《音乐周报》2007 年第 46 期。
后晓荣：《白马非白马氐》，《文物》2008 年第 4 期。
陈勇：《汉国匈奴与氐人联盟的解体——以刘乂案为中心》，《历史研究》2008 年第 4 期。
段丽波、闵红云：《白马氐与白马羌辩》，《思想战线》2008 年第 5 期。
石硕：《汉晋时期藏彝走廊中的“氐”》，《康定民族师范高等专科学校学报》2009 年第 3 期。
王俊峰：《羌人、氐人：游牧于陇南的古老族群》，《沧桑》2009 年第 4 期。
吕红亮等：《汉代川西北高原的氐人聚落：九寨沟阿梢脑遗址考古调查试掘的初步分析》，《藏学学刊》（6），四川大学出版社 2010 年版。
郑文：《魏晋北朝内迁氐羌民众的道教信仰》，《西南民族大学学报》2010 年第 2 期。
袁敏：《东晋氐族苻朗及其寓言体子书〈苻子〉》，《民族文学研究》2010 年第 2 期。

翟云：《前秦氐族诗人赵整及其散佚诗歌作品》,《陇东学院学报》2010 年第 4 期。
高人雄、宿月：《前秦氐族文人赵整考论》，《新疆大学学报》2010 年第 5 期。
戴羽：《氐族民族意识探究》，《黑龙江史志》2010 年第 20 期。
许德庆、李振华：《杨氏政权长久存在的人文动因》,《陇东学院学报》2010 年第 6 期。
魏军刚、张弘：《试论后凉西秦“河南之战”及其对河陇政局的影响》，《四川民族学院学报》2011 年第 1 期。
翟云：《氐族苻朗及其〈苻子〉思想简论》，《邢台学院学报》2011 年第 1 期。
王文光、段丽波：《中国西南古代氐羌民族的融合与分化规律探析》，《云南民族大学学报》2011 年第 3 期。
张建新：《浅析氐羌族群的文化印记——踏歌》，《大众文艺》2011 年第 11 期。

地名、族名、部落名索引

K

L

人名索引

F

作者主要论著

一、专著、译著

1.《氐族史》，吉林教育出版社，1991 年。

2.《吐蕃统治敦煌研究》，台湾新文丰出版公司，1997 年。

3.《西南民族研究》，重庆出版社，2000 年。

4.《土家族与古代巴人》（主编），重庆出版社，2003 年。

5.《敦煌西域古藏文社会历史文献》（合译），民族出版社，2003 年。

6.《唐代吐蕃与西域诸族关系研究》，黑龙江教育出版社，2005 年。

7.《吐蕃统治敦煌与吐蕃文书研究》，中国藏学出版社，2008 年。

8.《唐代吐蕃与西北民族关系史研究》，兰州大学出版社，2012 年。

9.《国外敦煌学、藏学研究——翻译与评述》（编），兰州大学出版社，2012 年。

二、论文、译文

1.《唐代吐蕃统治于阗的若干问题》，《敦煌学研究》第 5 期（1986）。

2.《吐蕃时期敦煌部落设置考》，《西北史地》1987 年第 2 期。

3.《通颊考》，《敦煌学辑刊》1987 年第 1 期。

4.《吐蕃统治下的河陇少数民族》，《西藏民族学院学报》1987 年第 3 期。

5.《唐代吐蕃—勃律道考》，《西北历史研究》（1987），三秦出版社，1989 年。

6.《吐蕃迎金城公主遣使考》，《西藏研究》1987 年第 4 期。

7.《古藏文文书 Sog-po 一词再探》，《西藏研究》1988 年第 1 期。

8.《试论吐蕃统治下汉人的地位》，《民族研究》1988 年第 4 期。

9.《吐蕃简牍中所见的西域地名》，《新疆社会科学》1989 年第 1 期。

10.《试论巴人中的氐羌成分》，《巴渝文化》1，重庆出版社，1989 年。

11.《关于敦煌藏文写本〈吐谷浑（阿柴）纪年〉残卷的研究》（合著），《中亚学刊》3，中华书局，1990 年。

12.《吐蕃与南亚中亚各国关系史述略》，《西北民族研究》1990 年第 1 期。

13.《唐代西北吐蕃部落述略》，《中国藏族部落》，中国藏学出版社，1991 年。

14.《汉魏时期氐族的分布、迁徙及社会状况》，《民族研究》1991 年第 2 期。

15.《试论联豫筹办新政及其成效》，《中国民族史学会第三次学术讨论会论文集》，改革出版社，1991 年。

16.《蒙哥之死辩》，《巴渝文化》2，重庆出版社，1991 年。

17.《重庆汉藏教理院始末》，《巴渝文化》2，重庆出版社，1991 年。

18.《氐族的姓氏与婚姻》，《西北民族研究》1992 年第 1 期。

19.《清末中英关于西藏交涉的若干论争》，《西藏民族学院学报》1992 年第 1 期。

20.《巴渝舞新探》，《巴渝舞学术讨论会文集》，重庆出版社，1992 年。

21.《关于敦煌藏文文书〈吐蕃官吏呈请状〉的研究》，《马长寿纪念文集》，西北大学出版社，1993 年。

22.《敦煌文书中的 Lho bal 与南波》，《敦煌研究》1993 年第 3 期。

23.《和田出土有关于阗王的藏文写卷研究》，《西域研究》1993 年第 4 期。

24.《藏文史料中关于萨毗的记载》，《西北史地》1993 年第 4 期。

25.《吐蕃在敦煌计口授田的几个问题》，《西北师大学报》1993 年第 5 期。

26.《试论氐与蜀的关系》，《三星堆与巴蜀文化》，巴蜀书社，1993 年。

27.《英国蓝皮书中有关“巴塘事件”的若干文件》，《四川藏学论文集》，中国藏学出版社，1993 年。

28.《SOG-PO 源流考》，《中国藏学》1994 年第 1 期。

29.《前秦冯翊相氐族属辨》，《陕西历史博物馆馆刊》2，三秦出版社，1994 年。

30.《关于敦煌藏文卷子中 Lho bal 的研究》，《西北民族研究》1994 年第 2 期。

31.《一件有关敦煌陷蕃时间的藏文文书》，《敦煌研究》1994 年第 3 期。

32.《关于“三峡学”与“三峡文化”的构想》，《中华文化论坛》1995 年第 1 期。

33.《试论重庆地区古代的濮、僚族》，《重庆师范学院学报》1995 年第 4 期。

34.《吐蕃时期河陇军政机构设置考》，《中亚学刊》4，北京大学出版社，1995 年。

35.《散发历史芬芳的麝香之路》，《丝绸之路》1995 年第 1 期。

36.《杨增新等所藏敦煌吐鲁番写卷》，《西域研究》1995 年第 2 期。
37.《曹（Tshar）——吐蕃统治敦煌及西域的一级基层兵制》，《西域研究》1995 年第 4 期。
38.《徐人王巴考》，《先秦史与巴蜀文化论文集》，历史教学社，1995 年。
39.《重庆市博物馆馆藏西藏地方钱币考述》（合著），《重庆钱币研究文集》，重庆出版社，1995 年。
40.《重庆市博物馆藏敦煌吐鲁番写经目录》，《敦煌研究》1996 年第 1 期。
41.《吐蕃“十将”（Tshanbcu）制补证》，《中国藏学》1996 年第 2 期。
42.《8—16 世纪阿拉伯波斯文献中的西藏》，《西北民族研究》1996 年第 2 期。
43.《清末川军入藏与达赖喇嘛出走事件》，《中国边疆史地研究》，1996 年第 1 期。
44.《巴的历史与文化研究综述》，《巴渝文化》3，西南师范大学出版社，1996 年。
45.《吐蕃经略西北的历史作用》，《民族研究》1997 年第 1 期。
46.《西周时期的气候变化与民族迁徙》（合著），《中原文物》1997 年第 2 期。
47.《从〈史记〉看司马迁的民族思想》，《重庆师范学院学报》1997 年第 3 期。
48.《义渠族属考辨》，《陕西历史博物馆馆刊》4，三秦出版社，1997 年。
49.《巴子五姓晋南结盟考》，《民族研究》1997 年第 5 期。
50.《朝天门灵石题记》，《四川文物》1997 年第 6 期。
51.《试论清末西藏地方的改革》，《四川藏学研究》4，四川民族出版社，1997 年。
52.《有关沙州地区的藏文文书》（合译），《敦煌研究》1997 年第 3 期。
53.《徐人西迁与重庆涂山的由来》，《西南师范大学学报》1998 年第 5 期。
54.《光绪年间“巴塘事件”史料辑译》，《历史档案》1998 年第 3 期。
55.《“巴”为虎义考》，《三峡文化研究》，重庆大学出版社，1999 年。
56.《巴人源出东夷考》，《历史研究》1999 年第 6 期。
57.《北魏经略仇池的几个问题》，《陕西历史博物馆馆刊》6，1999 年。
58.《〈大事纪年〉所载吐蕃与突厥关系考》，《中亚学刊》5，2000 年。
59.《羊同国地望辑考》，《敦煌学辑刊》2001 年第 1 期。
60.《试析重庆土家族文化的资源和利用》（合著），《重庆城市史研讨会论文集》，重庆出版社，2001 年。
61.《重庆禹文化及其由来》，《蚌埠涂山华夏文明》，黄山书社，2002 年。
62.《重庆市博物馆藏敦煌吐鲁番写经题录》，《敦煌吐鲁番研究》6，北京大学出版社，

2002 年。

63.《四件英藏敦煌藏文文书考释》,《2000 年敦煌学国际学术讨论会文集》,甘肃民族出版社,2003 年。

64.《南北朝至宋重庆地区的蛮系民族——向氏、田氏和冉氏研究》,《重庆三峡学院学报》2003 年第 2 期。

65.《土家族与古代巴人的历史文化渊源》,《中华文化论坛》2004 年第 1 期。

66.《吐蕃统治鄯善再探》,《西域研究》2005 年第 2 期。

67.《吐蕃与突厥、回纥关系考述》,《西南民族大学学报》2005 年第 6 期。

68.《晋南访古记:廪君传说的历史地理考察》,《巴蜀文化研究》第 3 辑,巴蜀书社,2006 年。

69.《新刊西域古藏文写本所见的吐蕃官吏》,《中国藏学》2006 年第 3 期。

70.《巫山得名、诸多地望及其历史内涵考》,《中华文化论坛》2007 年第 1 期。

71.《唐代中西交通吐蕃—勃律道考》,《西域研究》2007 年第 2 期。

72.《"弥不弄羌"考》,《民族研究》2007 年第 1 期。

73.《新疆安得悦出土古藏文写本研究》(合著),《丝绸之路民族古文字与文化学术讨论会文集》,三秦出版社,2007 年。

74.《〈敦煌西域古藏文社会历史文献〉译后记》,《中国民族研究西南论坛文集》,民族出版社,2008 年。

75.《论刘裕北伐后秦之战及其历史影响》,《西南民族大学学报》2008 年第 2 期。

76.《敦煌藏文文献所见的南诏及其与吐蕃的关系》,《敦煌研究》2008 年第 2 期。

77.《近三十年来唐代吐蕃与西北民族关系史研究评述》,《民族研究》2008 年第 6 期。

78.《唐代吐蕃与粟特关系考述》,《西藏研究》2008 年第 2 期。

79.《"廪君传说"的姓氏由来与分布研究》,《巴蜀文化研究集刊》4,巴蜀书社,2008 年。

80.《伊斯兰文化视野中的吐蕃人文社会》,《西藏民族学院学报》2008 年第 4 期。

81.《吐蕃统治敦煌史研究的回顾与展望》,《敦煌学国际联络委员会通讯》,上海古籍出版社,2008 年。

82.《〈岱噶玉园会盟寺愿文〉研究》,《西北民族论丛》6,中国社会科学出版社,2008 年。

83.《尚绮心儿事迹补正》,《国学》第 8—9 辑,上海古籍出版社,2008 年。

84.《唐代吐蕃与突骑施关系考述》,《纪念柳陞祺先生百年诞辰及藏族历史文化论集》,中国藏学出版社,2008 年。

85.《略论唐代吐蕃与象雄（羊同）的关系》，《藏族历史与文化论文集》，西藏人民出版社，2009年。
86.《“嗢末”古藏文对音考》，《敦煌吐蕃文化学术研讨会论文集》，甘肃民族出版社，2009年。
87.《有关藏文史料nam“难磨”的记载补正》，《藏学学刊》5，四川大学出版社，2009年。
88.《松域（Sum-yul）地理位置考》（合译），《兰州学刊》2009年第11期。
89.《〈英国图书馆藏斯坦因收集品中的新疆出土古藏文写本〉导言》（合译），《西域研究》2009年第1期。
90.《吐蕃没庐氏考》，《王尧先生八十华诞藏学论文集》，中国藏学出版社，2010年。
91.《论吐蕃治下的吐谷浑》，《青海民族研究》2010年第2期。
92.《试论吐蕃与西北各族的文化交流》，《中国边疆史地研究》2010年第1期。
93.《试论唐代西北诸族的“吐蕃化”及其历史影响》，《民族研究》2010年第4期。
94.《“嗢末”职官与姓氏考》，《西北民族论丛》7，中国社会科学出版社，2010年。
95.《长安兴唐寺与两次唐蕃会盟》，《首届长安佛教国际学术研讨会论文集》4，陕西师范大学出版社，2010年。
96.《敦煌西域古藏文文献所见的苏毗与吐蕃关系史事》，《西域研究》2011年第3期。
97.《〈新唐书·南蛮传〉吐蕃“苏论”考》，《民族研究》2011年第4期。
98.《再论吐蕃小邦制的演变及其外来影响》，《青海民族研究》2012年第2期。
99.《唐代吐蕃与于阗的交通路线考》，《中国藏学》2012年第2期。
100.《新疆米兰出土的一件古藏文告身考释》（合著），《敦煌学辑刊》2012年第2期。
101.《试论孙中山民族关系思想的形成及其意义》（合著），《西南民族大学学报》2013年第2期。
102.《魏晋南北朝时期羌族部落考》（合著），《青海民族研究》2014年第1期。
103.《有关吐蕃“九大尚论”的若干问题》，《历史研究》2014年第1期。

后　记

在本书写作过程中，得到了不少单位和个人的帮助。书前所附的“西和县境内的仇池山”和“晋归义氐王印”两幅照片，分别由甘肃省西和县文化馆、甘肃省博物馆提供。四川省民族研究所所长李绍明，对本书初稿提出过一些修改意见。重庆市博物馆图书室的黄晓东同志，与我一道赴陇南、川西北实地调查，协助拍摄了一些图片资料。这里，特向以上单位和个人表示衷心的感谢。

杨　铭

1990 年 2 月

于重庆市博物馆

再版后记

此次再版，保持了原书全貌，仅对文字进行了校勘，改正了个别错字、漏字等。附录部分收入了此书出版后笔者发表的几篇相关文章，并对“参考论著目录”进行了补充，收入了截至目前的有关氐族研究的论著目录，以及增加了两篇索引等，目的是方便读者了解更多的信息。另外，成都文物考古研究院的陈剑先生提供了仇池山以及双耳罐图片，我的研究生李锋、袁磊帮助编写索引和校对文献，在此均表示感谢！

杨 铭

2013 年 12 月 30 日

于西南民族大学成都武侯校区